# 観光集落の
# 再生と創生

温泉・文化景観再考

戸所　隆 著

# はじめに

　日本は明治時代の産業革命以来、100年以上にわたり欧米先進諸国に追いつき追い越すべく中央集権体制による国づくり・地域づくりを推進してきた。その結果、首都東京を頂点とする階層ネットワーク型国土構造の高度工業化社会が構築され、経済的に豊かな国となった。しかし、1980年代になると情報革命が急速に進展し、人々の価値観も大きく変化した。

　情報革命により日本社会は明治維新に匹敵する大きな構造転換を迫られている。すなわち、工業化社会から知識情報化社会への転換である。知識情報化社会の構築には、東京を頂点とする階層ネットワーク型国土構造をコンピュータ・ネットワークに対応できる水平ネットワーク型国土構造に変えねばならない。そのためには、東京を機関車にして国づくりを進める中央集権型政治・経済・文化構造を地方分権型・地域主権型に転換する必要がある。また、バブル経済の崩壊をはじめとする様々な政治・経済の混乱を経て、多くの人々に認識され、人々の価値観も変化してきた。その結果、多くの人々が行ってみたい・暮らしたいと思う地域も変わりつつある。

　本書は以上の時代背景に基づき、都市地理学と地域政策学の視点から、既存の観光集落の再生と既存集落の地域資源を活用した新たな観光集落の創生に関する研究である。既存の観光集落の再生としては、伝統的温泉集落である群馬県渋川市の伊香保温泉と、かつて榛名講で賑わった榛名神社・社家町（群馬県高崎市榛名山町）を例とする研究である。

　伊香保温泉は、年間約130万人の宿泊客を有する全国スケールの温泉観光地であるが、宿泊客が最盛期の約170万人から約40万人も減少し、構造転換を迫られていた。その再生をいかにすべきか、温泉経営者など町衆や地元自治体による再生計画に研究者として関与した記録と実地調査結果をまとめたものである。

　また、榛名神社・社家町はかつては100軒以上の宿坊が建ち並び全国から信者が参集した榛名山中にある観光集落であったが、宿坊も10数軒に減少し、

限界集落化していた。この集落を観光集落として再生すべく、地元住民・自治体と著者の研究室・地域外有志が一体となって7年間取り組んできた。活動の結果、榛名神社の本殿を始めとするほとんどの建造物は国の重要文化財の指定をうけた。また、社家町の宿坊も3軒が国の有形登録文化財となった。さらに、蕎麦による町おこしや重要文化財となった神楽殿にて一流奏者による「幽玄の杜音楽会」を開催するなど、地域資源を活かした再生事業を行っている。この研究は、著者の約20名のゼミ生が毎年、年間を通して榛名神社・社家町で、観光ガイドを行いながら様々な調査研究活動を行っている記録の一端でもある。

　既存集落の地域資源を活用した新たな観光集落の創生に関しては、前橋市総社町の山王集落を取り上げた。この集落は、これまで観光的な視点から取り上げられたことのない都市近郊の農村集落である。しかし、経済力のある豊かな集落で、昭和30年代まで盛んであった大型養蚕農家の建物が他に見られない形で集積しており、その保存状態も良好である。また、養蚕農家を北風から守る防風林もその多くが健在である。さらに、山王集落から徒歩圏には東国文化の中心・総社古墳群や上野国府・国分寺跡、山王廃寺跡など多くの文化財が存在する。こうした地域資源の保存と活用をすべく、新たな観光集落の創生への提案として研究したものである。

　本研究にはいずれも、著者のゼミ生を中心に規模の大きなアンケート調査等を実施している。協力して頂いたゼミ関係者を始め、地元関係者、自治体関係者に厚く感謝申し上げたい。なお、本書で使用した写真は、すべて著者の撮影したものである。

　　2009年夏

　　　　　　　　　　　　　　　　　　　　　　　　戸所　　隆

# 観光集落の
# 再生と創生

温泉・文化景観再考

| 目　　次 |

はじめに ..................................................................... 1

## 序　章　文化資源を活かした創造的地域多様性社会の構築 ................ 7
　1．人々が行ってみたい・暮らしたいと思う地域 ......................... 7
　2．文化芸術を活かした地域ブランド化と地域再生 ....................... 8
　3．地域資源を活かした多彩でコンパクトなまちづくり ................... 8
　4．町衆による地域ブランドづくりと土地利用・景観形成制度の必要性 ..... 10
　5．地域づくりと地域政策形成の基本 ................................... 11

## 第1部　伝統的温泉集落の再生

### 第1章　伝統的温泉観光地・伊香保の課題と再生の必要性 ................ 16
　1．観光概念の変化とホテル・旅館経営者の意識改革の必要性 ............. 16
　2．自然・人文環境に恵まれた数百年の伝統をもつ伊香保温泉 ............. 18
　3．伊香保温泉における観光客の動向と交流人口への展開 ................. 20
　4．町衆の活躍する伊香保温泉 ......................................... 24
　5．伊香保温泉研究の目的 ............................................. 26

### 第2章　伊香保中心街の再構築による温泉観光地の活性化 ................ 29
　1．伝統的温泉観光中心街再生への仮説 ................................. 29
　2．伊香保温泉の地域資源と観光客の行動 ............................... 32
　3．伊香保温泉の目指すべき街のイメージ ............................... 38
　4．石段街の印象とファッション街構築に対する賛否 ..................... 42
　5．温泉観光地活性化に資するまちづくり方策 ........................... 49

### 第3章　ホテル・旅館経営者からみた伊香保温泉の実態と再生のあり方 .... 51
　1．伊香保温泉におけるホテル・旅館の経営実態と特性 ................... 51
　2．ホテル・旅館経営者としての基本コンセプト ......................... 57
　3．宿泊温泉施設・料理飲食への配慮 ................................... 61

    4. 経営者としての温泉街・まちづくりへの対応 ............................ 67
    5. 伊香保周辺の重視すべき観光資源 ............................ 75
    6. 伝統的大規模温泉観光地特有の問題点 ............................ 76

第4章 伊香保温泉街におけるパーク・アンド・ライド・システムの構築方策 ...... 81
    1. パーク・アンド・ライド・システムの必要性 ............................ 81
    2. パーク・アンド・ライド社会実験協力者の性格 ............................ 85
    3. パーク・アンド・ライド社会実験に対する評価 ............................ 87
    4. 自動車を排除した歩いて楽しい温泉街を望む観光客 ............................ 93
    5. パーク・アンド・ライド・システム構築の方向性 ............................ 96
    6. 再生方策を活かす努力と実績 ............................ 102

## 第2部　門前集落の再生と創生

第5章 変革期における榛名神社・社家町の再生戦略 ............................ 106
    1. 榛名神社・社家町を取り巻く環境変化 ............................ 106
    2. 榛名神社・社家町再生の課題 ............................ 110
    3. 町役場主導による再生計画の初期始動 ............................ 111
    4. 社家町活性化委員会(杜の応援団)設置と広報活動の開始 ............................ 113
    5. 社家町活性化委員会3分科会の成果 ............................ 115
    6. 学生による活動と新たな展開 ............................ 121
    7. アンケートから見た来訪者の求める再生方向 ............................ 124
    8. 伝統・財産の継承と創造による住民主導の再生戦略 ............................ 132

第6章 音楽会を核とした榛名神社社家町の再活性化政策 ............................ 135
    1. 再生事業のシンボルとしての「幽玄の杜音楽会」 ............................ 135
    2. 「幽玄の杜音楽会」来聴者の属性と来聴回数 ............................ 137
    3. 「幽玄の杜音楽会」の認知媒体と来聴理由 ............................ 139
    4. 「門前そば」に対する「幽玄の杜音楽会」来聴者の評価 ............................ 141
    5. 音楽会実施上の課題とその改善策 ............................ 144

6.　音楽会来聴者の社家町再生への認識と改善策 .................................. 151
　7.　地域活性化政策の成果と課題を踏まえた新たな展開方向 ................. 153

## 第3部　観光集落の創生

### 第7章　観光集落創生に向けた地域資源の再認識・再整備 ........................ 156
　1.　個性的地域づくりに必要な「大都市化分都市化型都市構造」............. 156
　2.　分都市型観光集落の創生条件 ............................................................ 158
　3.　分都市としての前橋市総社地区の地区特性 ..................................... 160
　4.　観光集落創生への試論 ..................................................................... 166
　5.　観光集落創生推進機構としての「まちづくり協議会」の設立 ............ 171

### 第8章　文化的景観としての養蚕農家保存活用による観光集落創生 .......... 173
　1.　文化景観としての前橋市総社地区・山王集落 ................................. 173
　2.　養蚕集落景観を維持する山王集落の特性と研究方法 ..................... 176
　3.　地域の歴史性や文化的景観に関する認知度と関心度 ..................... 179
　4.　大規模養蚕農家群保存に関する住民意識と保存方策 ..................... 183
　5.　文化的景観の活用による観光集落創生政策 ..................................... 188
　6.　ビジター産業開発による観光集落の創生 ......................................... 193

あとがき ............................................................................................................ 197

索　引 ................................................................................................................ 199

# 序　章
# 文化資源を活かした
# 創造的地域多様性社会の構築

## 1. 人々が行ってみたい・暮らしたいと思う地域

　バブル経済崩壊後の日本は、過去100年以上続いてきた工業化社会型国家システムを、知識情報化社会型国家システムへと構造転換させる努力をしている。知識情報化社会における富の源泉は、「知恵と情報」である。高度技術社会にあっては技術的優越性とともに、デザインなど感性的な優越性が問われるようにもなってきた。ものづくりや物の輸出入の重要性は変わらないものの、より良いものづくりにはそれを可能にする知恵と情報の集積が不可欠である。この知恵と情報は、人間の交流によって生み出される。従って、国の内外を問わず、いかに多くの人が交流できる環境を創るかが、知識情報化社会における発展の鍵となる。

　こうした時代において多くの人々が行ってみたい・暮らしたいと思う地域は、単に景観が美しかったり珍しいものがある地域ではない。それらに加えて様々な知識・情報が活発に交流・結節し、新しい知識・情報・知恵・価値を生み出す地域である。また、それらが備わった地域が経済発展の極になる。今日停滞傾向にある伝統的観光地は、そうした視点から再生を考える必要があろう。また、これまで観光的価値が認められなかった地域においても、土地利用・景観に優れ、知的刺激を与えるメッセージ発信のできる地域は、新たな時代の観光集落として創生できよう。

　知識情報社会においては、知的刺激を与えるメッセージ発信として歴史遺産や芸術活動、付加価値の高い消費購買活動などが地域の発展に大きな役割を持つ。とりわけ観光集落にその傾向が強い。本書ではかかる視点に立ち、美しい

街並み、安定した経済活力をもつ地域社会を形成するための観光集落の再生と創生について考えてみたい。

## 2. 文化芸術を活かした地域ブランド化と地域再生

　明治以降の日本は、効率の良い中央集権型統治システムを導入し、東京をモデルに一気に画一的地域づくりを進め、東京があらゆる面で最高との階層的意識も醸成した。そのため、産業革命以前に見られた多様な地域の文化芸術や地域性が、古いもの・価値の低いものとして悉く退けられてきた。しかし、地方都市が東京モデルを造ろうにも、似て非なるものしかできない。地方都市の中心商業地に数多くの「銀座」が出現したが、魅力のない没個性化したものとなり、それらの多くは知識情報社会に対応できず、衰退が著しい。

　知識情報化社会に対応したまちづくりを行うには、当該地域の美意識・地域づくり哲学を基礎においた地域ブランドの創出が一つの方策といえよう。街のイメージづくりには特定の事柄を人々の関心事として持続させねばならない。それには地域ブランドの創出が効果的で、地域ブランドは金太郎アメ型まちづくりから脱却する有力な手段となる。

　地域ブランドの成立要件には、①差異化、②約束性、③顧客満足、④一流性、⑤発展性が必要となる[1]。また、夢のある地域ビジョンが不可欠となる。さらに、中央・地方を問わず、地域に根ざした文化芸術が身近にある。それを地域ブランド化することで、精神的に豊かさを感じる知識情報化社会の観光集落の再生・創生が可能となろう。

## 3. 地域資源を活かした多彩でコンパクトなまちづくり

　これからのまちづくりには、次の4条件が欠かせないと考える[2]。すなわち、①インターネットに代表されるIT技術に対応したボーダレスな水平ネットワーク社会の構築と基盤整備により、②自律発展型自立都市の形成が必要となる。

　知識情報化社会は、国際化・多様化・ボーダレス化・地域連携などをキーワードに構築されつつある。そのため、知識情報化社会の地域間結合は、従来

の閉鎖・階層ネットワーク型から、規模の大小はあっても上下関係のない開放・水平ネットワーク型に変えねばならない。また、人々が自由に交流できる空間構造と交通条件を備える必要がある。そのためには先ず、個々の地域が個性豊かな魅力ある社会を構築し、情報発信し、広範な地域から多くの人々を吸引し、相互に交流できる空間にならねばならない。

　また、③公共交通の発達した歩いて暮らせるコンパクトなまちづくりが重要となる。規格大量生産を旨とした工業化社会では、没個性的なミニ東京・ミニ銀座が各地に出現した。また、郊外の発達した自家用車中心のアメリカ型都市では、人と人との接触が希薄になり個性豊かなまちづくりは期待できない。知識情報化社会では東京文化至上主義から脱し、独自の地域文化を発信することが不可欠である。公共交通の発達した歩いて暮らせるコンパクトな街でなければ、人々はゆったりとした時間の中で会話や芸術を楽しむことも、新たな地域文化を創造することもできない。このことは特に地方都市において、地域経済を活性化させ新たな雇用を生むためにも重要なことである。

　コンパクトなまちづくりは、基本的に大規模開発を意味しない。バブル期における大規模開発とは異質な地域資源を活用する身の丈にあった開発哲学である。その目的は、地域の資源を活かして日常の「暮らしぶり」や「生活空間」の魅力を高めることで、生活者にとっての日常空間が来訪者には魅力的な非日常空間であることが求められている。

　来訪者を意識した地域づくりは、地域資源の大切さや地域アイデンティティを再認識させ、地域への愛着を深める。それは地域の人々に共通の目標・将来像を与え、地域を再生させる契機にもなる。また、知識情報化社会では人間主体の「健康」と「教養」を軸とする地域政策が求められている。それには文化芸術に関する地域資源を活かし、「健康」と「教養」に資する地域ブランドを如何に創り出すかが課題となろう。

　さらに、④まち特有の≪五感≫的魅力を活かした中心街を再生することである。人種・民族・宗教・文化・老若男女・貧富を問わず、誰もが自由に交流できる中心街は、いかなる時代にも人間活動の中核となる。人々が自由に交流できる中心街がなければ、その地域全体の政治・経済・文化活動が衰退する。交流の中で様々な価値観や技術・知恵を持つ多彩な人々を結節させ、新たな考え

やモノを次々に創造・情報発信し、魅力ある製品を次々に提供し続ける中心街が影響力のある強い中心街である。そうした中心街には都市の本質である接近性・結節性・創造性・中心と周辺の構造化・地域性・新陳代謝性・移動性の強化が必要となる[3]。特に接近性は重要で、時代に対応した交通条件の改善が必要である。また、人・物・情報・金を結節し、新たな価値を次々に創造する中心街でなければ、多くの人々を魅了・吸引する中心街にはなれない。

## 4. 町衆による地域ブランドづくりと土地利用・景観形成制度の必要性

分権化した自律発展型自立地域の形成には、自立した個人からなる市民社会・コミュニティの形成が不可欠であり、時代を先導する地域リーダーの確保が欠かせない。

建都以来1200年以上に渡って時代の荒波に揉まれながら生き抜いてきた京都の歴史をみたとき、時代の変化を掴んであるべき方向へ導いた"町衆"の存在の大きさに気づく。京都の強さは、外からきた為政者の権力者におもねることなく、町衆が地域づくりを担い、持続的発展システムを構築してきたことにある。分権時代においてはかかる町衆の存在がどの地域にも必要で、町衆の活躍如何が地域の発展を左右するといえよう。

著者は"町衆"を次のように定義している。すなわち、自分が生きる(生活する)地域の過去・現在・未来を語れ、その地域を時代の変化に対応して良くしていこうと自己実現できる人である。自己実現できる町衆は文化そのもので、町衆の活きる地域には独自の文化が生まれる。文化のあるところは人・物・金(産業)・情報の交流空間と化し、新たな産業創造空間として観光地にもなる。

ところで、かかる個性豊かな地域を持続的に発展させるためには、町衆の文化的な知恵によって新しい地域ブランドを創り出す必要がある。地域の特産食材を使った料理もただ美味しいだけでは地域ブランドにならない。その料理を美しく見せる器の制作がその地域に必要となる。また、料理にあった文化的環境づくりが求められる。たとえば京料理は、京野菜という素材を活かす料理技術に清水焼や漆器などの器づくり、坪庭づくりや京庭園などの環境整備技術、

そして味にうるさい人々の存在、それを広報する人など、様々な町衆の努力の結晶として花咲いた地域ブランドであり、京文化そのものである。また、自己満足するだけでなく多くの人々との交流の中で地域外の人に美味いと言われる料理に仕立て、食文化を付加価値の高い産業へと発展させている。食文化に乏しい地域では、かかる連関システムが働いていない。

群馬県水上温泉では町衆の努力で芸術の地域ブランド化への道が開かれつつある。すなわち、町衆の努力により東京芸大とみなかみ町が協定を結び、東京の高地価で保管場所に乏しい芸大生の卒業作品の保管を引き受けながら毎年一定数の作品寄贈を受け、日常的に芸術作品に触れられる空間形成が図られている。また、芸大卒業生とのネットワークが構築され、「芸術作品に囲まれたみなかみ」という地域ブランドが創られつつある[4]。

人々の移動が激しく、様々な工業製品や世界各地の資材が流通する今日の日本では、規制なくして統一感のある景観形成は不可能である。地域資源を活かして観光集落の再生・創生を行うには、統一性のない建築景観や無秩序な土地利用を是正し、魅力的な理想の地域像へと誘導するために、土地利用規制が不可欠となる。官民で議論を尽くし、地域の将来像を実現するための制度的枠組みを設定し、30～50年間あるべき土地利用・景観づくりを追求し続ける必要がある。それにより、たとえ現在は統一性のない景観も、30～50年後にはあるべき姿となってあらわれてくる。

## 5. 地域づくりと地域政策形成の基本

分権化社会では各地域が自治の基本として、安心・安全の確保、基礎教育の充実、雇用の確保に努めねばならない。また、時代の転換期には30～50年後を考えたまちづくりを推測し、そこから現在何をすべきかを見出す必要がある。その際、時代の変化と共に変わるもの、変わらないもの、変えてはいけないもの、変える必要のあるものを区分しての判断が求められる。いくら時代の転換期と言えども、変えてはいけないものを変えると、その地域は衰退を始める。

ところで、活力のある住み良い地域をつくるためには、それぞれの地域が自

主性・自立(律)性の原理に基づいて意思決定することが重要となる。新しい政策立案やその事業化を、一方的・独善的に行っては地域は動かない。それを避けるには、十分な議論が不可欠となる。たとえば、民間はこうしたいので行政はこうして欲しいと言うのに対し、行政はこうしたいので民間はこうして欲しいなどと何回もやり取りして成案に持っていくことが大切である。

　工業化社会から知識情報化社会へと時代が変われば、行財政システムも変化せざるを得ない。自治体改革の成否には、自治体職員が自己責任を果たせる制度改革の断行が必要となる。それは、中央政府に依存する政治行政システムから地域社会自らの力で新時代への発展プログラムを策定し実現する自立型政治への転換である。そのためには、自治体職員や住民が気軽に議論を展開できる場が欠かせない。また、法体系・税体系・地域づくり手法などすべてを変える必要もある。それらを実現するには個々の自治体に即した問題発見能力とそれを解決するための政策立案能力を持つ自治体職員が不可欠となる。

　社会資本整備が遅れていた時代は、可能な限り地域格差を生じさせないように中央集権的手法で画一的な政策を、主として中央政府の意向で推進してきた。全国的に社会資本整備を整えるには、それが一番効率の良い手法であった。しかし他方で、東京一極集中に代表される個性のない階層的な国土構造が形成され、地域格差は拡大してきた。いわばこれまでの中央集権的地域政策は、一方で地域格差を拡大しつつ、他方でその是正に努める手法であったといえる。しかし、全国的に社会資本整備が一定の水準にまで達すると、以上の手法は通用しなくなる。それが国政の根本的な見直し論であり、その延長上に地方分権論もある。

　しかし、地方自治体は長い間、強大な中央政府の庇護のもとにあったため、自律的に政策立案を行い自主的に行政執行していく経験に乏しい。職員の個人的資質というより経験不足のために、当該地域における政策課題(問題)の発見やそれを解決するための政策立案が、地方分権化しても十分にできない恐れが出てきている。そのため、自律的にそれぞれの地域に対応して問題を発見し、政策を立案できる人材の養成が緊急の課題となってきた。

　物から心へ、生産から生活へと人々の価値観の重点は変化し、多様化してきた。また、ボーダレスな交流時代に豊かな地域を創造するには、他の地域とは

異なる魅力的な個性を創出し、地域から情報発信して行かねばならない。しかし、これまでのように中央から発せられる画一的な政策や行政指導に従うだけでは、人々の心を引きつける魅力的な地域づくりは不可能である。その是正には中央集権的な意思決定・平等主義的システムから脱却し、それぞれの地域に即し、自己責任に基づく自律的意思決定システムの構築が欠かせない。

ところで、現実の地域は、常に変化しており、周囲の環境も変動が著しい。現実の地域には理想的な状態はなく、不完全であり、混乱しており、多くの問題を抱えている。しかし、強力な政治力・行政力・論理力を持ってしても、それら全ての問題を解決することはできない。そうした地域の状態を改善するには、多くの問題の中から波及効果の大きな重要問題を見出す力(**問題発見能力**)がまず求められる。次いで、その問題を解決するための政策を立案(**政策立案・問題解決能力**)し、予算を組み、執行しなければならない。

こうした地域政策の立案・形成過程には、基本パターンがある。地域政策を立案するには、まず現実の地域における実態を十分に把握し、理想的な地域像を描いてみる必要がある。そして地域全体を総合的に評価する中で、「現実の地域」と「理想的な地域像(あるべき姿)」とのギャップを把握し、当該地域の抱える問題を発見・摘出することが第一段階となる。次に、発見・摘出された問題はどんな理由で生じているのかを調査分析する。その結果、問題を解決するために避けて通れない重要な課題を見いだし(課題設定)、問題解決のために最も効果的な手法を導入するべく政策立案を行うことになる。これが第二段階の政策立案である。以上の過程を経て立案された政策の可否は、議会で審議される(第三段階)。また、その政策が議会で可決(政策決定)されれば、予算がつけられ行政機関が執行(政策執行)できる(第四段階)。

執行された政策の結果や効果は、多くの人々によって評価される(政策評価)。これが第五段階であるが、その過程で新たな地域問題が見いだされ、再び政策立案の必要性が生じることとなる。地域政策の立案過程は、以上のような**問題発見—問題分析—課題設定—政策立案—政策決定—政策執行—政策評価—問題発見**という循環システムにある(**図 序-1**)。

現実の地域が抱える問題点は、その地域に生活する人々が一番知っており、その人たちが望む方向を取りあえず尊重することが大切である。自治体職員に

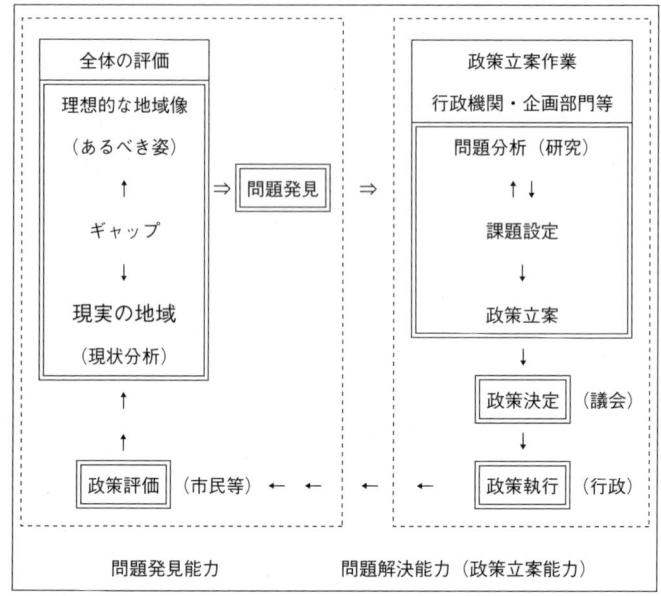

図 序-1　地域政策形成過程（サイクル）（戸所　隆作成）

は地域の状態を改善するために、多くの問題の中から波及効果の大きな重要問題を見出す問題発見能力がまず求められる。次いで、その問題を解決するための政策を政策立案・問題解決能力と、予算を組み、執行する力を自治体職員は持たねばならない。同様のことが、地域の人々にも求められる。

<注>
1) 戸所　隆：「芸術・文化を活かしたまちづくり」関東都市学会年報 vol.6、pp.38-48、2004年
2) 戸所　隆：「コンパクトな都市づくりによる都心再活性化政策」季刊中国総研 6-1、pp.1-10、2002年
3) 戸所　隆：『地域政策学入門』古今書院、pp.48-54、2000年
4) 戸所　隆：『日常空間を活かした観光まちづくり』古今書院、2010年

# 第1部

# 伝統的温泉集落の再生

# 第1章
# 伝統的温泉観光地・伊香保の
# 課題と再生の必要性

## 1. 観光概念の変化とホテル・旅館経営者の意識改革の必要性

　かつての日本社会は非日常と日常、ハレとケがはっきりしており、遊びと仕事も明確に区別してきた。そのため、日本では今日でも「遊び＝観光」のイメージが強く、観光地を遊びの場と認識する人が多い。それは肉体的にも精神的にも厳しい毎日の仕事から開放され、非日常空間に存在するだけで「旅」の意義を見出し、内面的生き甲斐を感じる人々の多かった時代の産物といえる。
　しかし、今日では非日常と日常、ハレとケ、遊びと仕事の間に明確な区別がなくなってきた。そのため、旅行者の意識・行動様式も大きく変化した。お仕着せの観光資源ではなく、その地域が持つ独特の雰囲気や魅力を求めて自ら行動する人々が増えた。それはこれまでの観光地の概念では観光地になり得ない地域でも、そこで交流する人・モノ・情報に魅力があり、地域資源を発掘できれば観光地として脚光を浴びることを意味する。
　旅行者の意識・行動様式の変化は、「旅」の形態を大きく変えた。産業革命までの農業時代では護国安寧と五穀豊穣を願う神社仏閣への参詣が「旅」の中心であり、非日常の観光空間を生み出した。伊勢詣はその典型であり、神社仏閣に近接する温泉は農閑期の湯治場として日本型リゾートの原型を築いた。また、講などが組織化され、観光地も固定社会に適した市場圏を形成していた。
　産業革命によってつくられた工業化社会は、人々の移動空間を拡大した。神社仏閣以外にも景勝地に多くの観光地が開発され、避暑地や別荘地も形成され、観光空間は多様化した。しかし、規格大量生産を旨とする工業化社会の観光地や観光行動には、一定の型が見られた。企業の慰安旅行や農協の団体旅行

はその典型であり、農業時代の講や農閑期の湯治が工業化社会型に変化したものといえよう。団体行動主体の観光客の多くは、社寺門前で泊まれ、湯治場があり、宴会ができ、開放感に浸りながらその時を楽しめれば良かった。そのため、観光地や温泉の雰囲気、地域の持つ魅力への関心は少なかった。

経済の高度成長と所得の増加、そして第二次世界大戦後だけでも約1.8倍に急増した人口(7200万人→1億2700万人)に支えられて工業化社会の観光地開発は進展した。しかし、1990年代初期のバブル経済の崩壊後、日本社会が急速に知識情報化社会に転換する中で、人々の観光行動も大きく変化しつつある。すなわち、個人行動が中心になり、非日常と日常、ハレとケ、遊びと仕事の間に明確な区別がなくなってきた。その結果、団体客を大量に収容することで大きく発展した伝統的な温泉観光地が、変化を求められている。

慰安旅行型団体客の多かった時代は、バスの中で飲酒し、到着時には既に酔っている人もいた。そうした客は、宿泊する部屋の状態や温泉の泉質よりも楽しく飲み明かすことを重視する。料理も酒も質よりも途切れなく供給されることが大切であった。しかし、今日では多くの顧客が、量的満足感よりも提供されるサービスの質に重点を置いている。たとえば、日本酒やビール、焼酎も、特定銘柄や地酒・地ビールを要望する客が多く、料理と共にゆっくりと味わいながら食事を楽しむ。また、宿泊する部屋も質を重視する。さらに、食前・食後に気持ちよく宿泊施設の内外を楽しみたいと散策する顧客が増加した。

以上のように、工業化社会から知識情報化社会に転換する中で、高度経済成長期に急成長した歴史のある温泉地も変化を迫られている。本章の研究地域・伊香保温泉は、400年以上の歴史をもち、1991年には172万人の宿泊客を数えた日本有数の温泉である。しかし、慰安旅行型団体客の減少によって、年間宿泊客数は172万人をピークに減少を続け、2003年には44万人も少ない128万人(群馬県観光物産課調べ)になり、大きな影響を受けている。

この間、旅館・ホテルは1991年の65軒から58軒へと減少した。それにもかかわらず宿泊収容可能数は、1980年代後半から90年代前半のバブル期に収容増を図ったところもあり、ほとんど減少していない。そのため、空室が多いかと各旅館・ホテルのホームページを見ると、閑散期を除き満室に近い状況に

ある。慰安旅行型団体客中心の時は1部屋を5～6人で使用するのに、個人客中心となった今日では1～3人での利用が多くなる。そのため、同じ満室状態でも宿泊数は半減する。団体客主体から個人客主体への観光客の変化は、宿泊施設の利用形態を大きく変えた。

　個人客は、団体客のように酒宴の盛り上がりで過度な出費をすることもなく、堅実である。他方で、個人客の料理に対する注文は厳しく、器などにも目をこらす。また、個人客や小グループ客は、街並みを楽しみながらそこに欲しい物を見つければ、高額商品であっても購入する。気に入った街へのリピーター率も、個人客や小グループ客は高い。

　知識情報化社会では、慰安旅行型団体客は減少しても、魅力的な街並みを持ち、個人的に行ってみたいと思う観光地には大規模な会議やビジネス空間としての需要が増える。そうした街並みを持つ温泉地であれば、慰安旅行型団体客に代わって、ビジネス客が増え、会議後のレセプションや懇親会需要が増え、新たな宿泊需要を創出することもできる。また、かかるビジネス客が後日、家族・友人を伴って再訪する可能性も高い。時代の転換期に対応した観光まちづくりを行うべく、地域の構成員全ての意識改革が求められている。

## 2. 自然・人文環境に恵まれた数百年の伝統をもつ伊香保温泉

　伊香保温泉は群馬県の中央部・標高700mほどの榛名山中腹に位置する(写真1-1)。前橋の群馬県庁から自動車で20km・約30分、表玄関であるJR上越線渋川駅から9km・15分の距離にある。また、高崎駅から上越新幹線を利用すれば、伊香保・東京間は約1時間30分で結ばれる。このため、伊香保温泉には東京をはじめ関東一円からの入り込み客が多く、前橋・渋川や高崎など群馬県央部100万人の奥座敷としての地位も築いてきた。

　伊香保温泉の開発は古く、垂仁天皇の時代(4世紀)に遡るという。また、伊香保温泉のシンボルとなっている石段は、400年以上前の天正4年に形成されたと伝えられる(写真1-2)。これは上野国三ノ宮である式内社・伊香保神社の門前に我が国最初の温泉都市計画として造成された温泉街である。江戸時代以降、武家や庶民の旅が隆盛化するにつれ、遊興保養地として発達し、多くの文

## 第1章　伝統的温泉観光地・伊香保の課題と再生の必要性

写真1-1　伊香保温泉街全景

写真1-2　伊香保の石段街

写真1-3　ベルツ博士像

写真1-4　徳富蘆花記念文学館内の蘆花記念会館

人墨客が訪れる地となった。また、湯元から石段街に引かれる湯は硫酸塩泉で、神経痛・慢性消化器病、動脈硬化症など多方面に効用があるとされ、ドイツ人医師・ベルツによって医学的にも評価され(**写真1-3**)、後に温泉療法を目的に群馬大学附属病院伊香保分室も設置されている[1]。

　明治以降は他に先駆けていち早く鉄道が敷かれ、避暑地としての地位を高めた。すなわち、東京－高崎間に日本鉄道が日本最初の私鉄鉄道を開通させたのが1884(明治17)年であった。その後、1889(明治20)年には高崎・前橋間が開通し、さらに高崎・渋川間、前橋・渋川間および渋川・伊香保間の市街電車が開設されている。これによって、東京と伊香保が鉄道で直結され、西園寺公望を始め中央政界・財界人が多く逗留した。また、1879(明治12)の英照皇太后行啓以来皇室の来湯が続き、明治23年には静岡県葉山と同時に群馬県唯一の御用邸が昭和20年まで置かれた。さらに、徳富蘆花の『不如帰』が伊香保を舞台

写真1-5　群馬ガラス工芸美術館　　写真1-6　冬の国体を開催したスケート場

に執筆されたり、美人画の竹久夢二も伊香保・榛名山を愛して多くの作品を残している。

こうした文化的歴史性から伊香保には徳富蘆花記念文学館(**写真1-4**)、竹久夢二記念館、ベルツの湯などがあり、保科美術館、ハラミュージアムアーク、伊香保システィーナ美術館、群馬ガラス工芸美術館(**写真1-5**)、その他多くの文化施設が集積している。また、伊香保グリーン牧場や自動車で10分以内の距離に伊香保カントリー倶楽部をはじめ4カ所のゴルフ場がある。さらに、冬の国体を開催したスケート場(**写真1-6**)など特色あるスポーツ施設も春夏秋冬の自然環境に恵まれた榛名山に抱かれるように存在する(**図1-1、図1-2**)。

## 3. 伊香保温泉における観光客の動向と交流人口への展開

こうした恵まれた環境にあるため、2004年現在の旅館・ホテル数58、年間宿泊客数は128.8万人で、日帰り客が58.5万人いる。年間宿泊客数のピークはバブル経済期の1991年における172.3万人で、この時は旅館・ホテル数も65を数えている。しかし、その後は減少を続け、今日ではピーク時に比べ、約40万人減少している。この数字は一日あたりにすると約1,100人の減少であり、人口4千人弱の渋川市伊香保町にとっては大きな影響がある。近年、宿泊客の減少をことのほか強調し問題視しているが、日本全体における経済社会環境の変化や人口動態、価値観の変化からくる行動様式の転換からみて、今後とも宿泊数が増大することは考えられない。

第1章　伝統的温泉観光地・伊香保の課題と再生の必要性

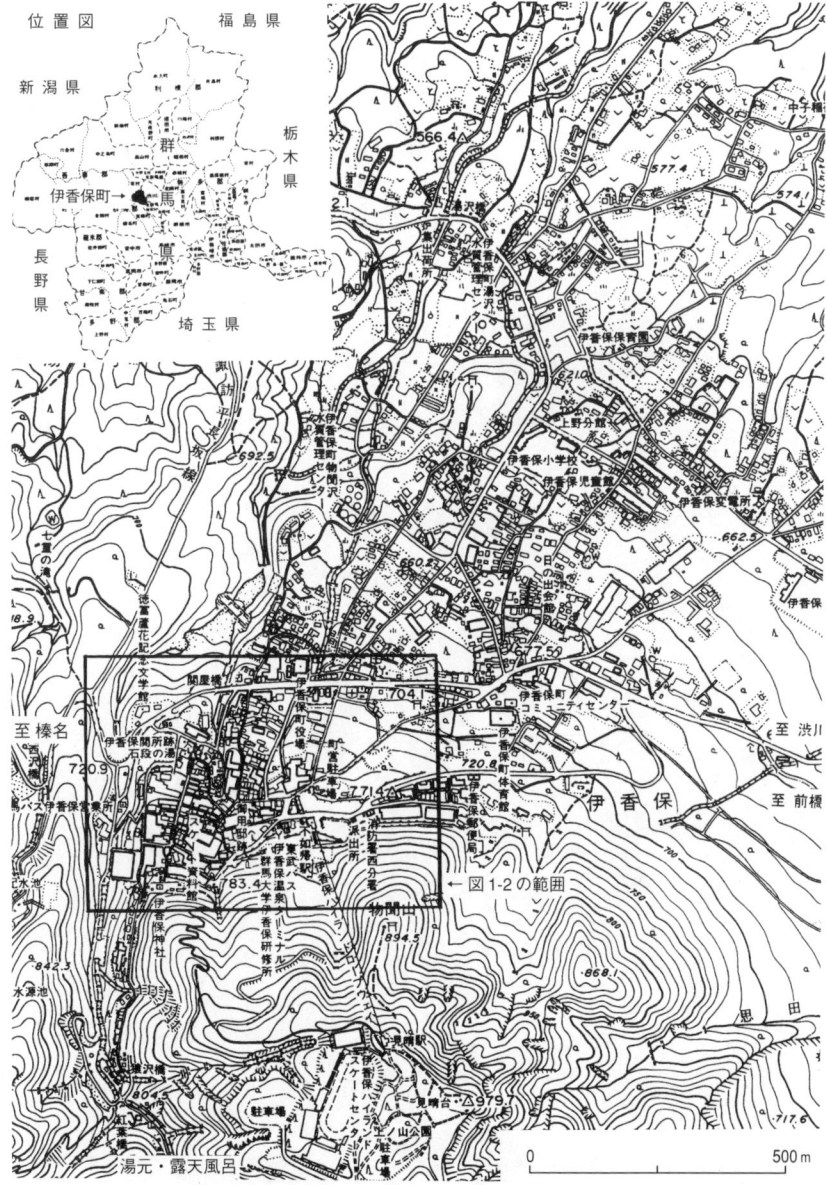

図1-1　伊香保町中心部
（伊香保町・1999年発行1／10,000地図より作成、産業研究40-1　p.23）

第1部　伝統的温泉集落の再生

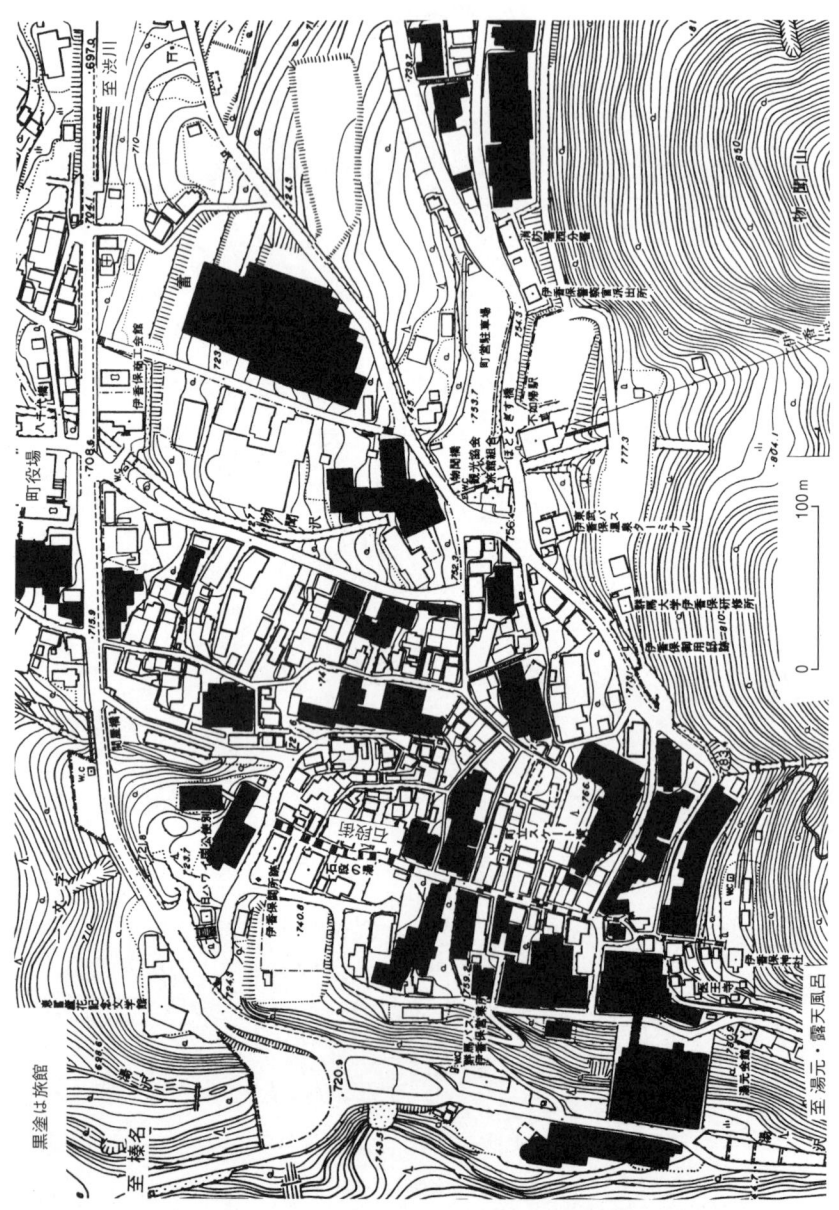

図1-2　伊香保石段街とその周辺における旅館の分布
（伊香保町・1995年発行1/2,500地図より作成，産業研究 40-1　p.24）

しかし、別な見方をすれば、年間宿泊客数130万人はバブル経済以前の1980年前後の状態であり、不況期にも係わらずこれだけの宿泊客を持っていることは素晴らしいといえよう。また、高度経済成長期の1965(昭和40)年当時の年間70万人の宿泊客に比べても、ほぼ2倍と大きく発展してきたことが知られる。

伊香保町で観光客の滞留する場所は、地形的に温泉街にほぼ限定される。観光客の行動パターンや購買行動は、非日常性の中での特異な行動となる。日常の購買行動に比べ、いわゆる財布の紐は緩んでおり、感性に合うモノがあれば購入率が高くなる。現在、伊香保温泉街には伊香保町の人口に匹敵する一日平均3,500人の宿泊客と1,700人の日帰り客がいる。従って両者を合わせると伊香保町の人口を上回る5,200人の交流人口が毎日存在することになる。しかし、現実には日曜日の石段街にも人が少ない。観光客は夕刻以降に温泉旅館に着き、宿泊して翌朝立って行く。観光客は自動車でただ通り過ぎるか、夕刻以降に旅館・ホテルに着き、単に宿泊する旅館・ホテル内ですべてを済ませ、翌朝伊香保を発って行くパターンが多い。観光客が街に繰り出し、地域の人々と購買行動や文化活動を通じて交流を深め、消費力を高め、リピータになるシステムになっていない。

これからの観光地は入り込み宿泊観光客数を競う時代ではない。宿泊単価も下降傾向にある。こうした環境においては、集まった人々と交流を深め、相互の情報交換によって地域の付加価値を高め、一時滞在者を恒常的な真の交流人口にすることが重要となる。その結果として宿泊客単価は低くとも、地域全体で費やす一人あたりの金額を大きくすることで、地域経済を再生する必要がある。国際的に見て日本国民の多くは豊かになったにも係わらず、必ずしも豊かさを実感できる購買行動になっていない。それは提案者側の責任でもある。

この物余り時代に何を買って良いのか。買いたい物があっても保管スペースを考えると躊躇してしまう人も多い。将来の先行き不安から、これまでの生活を頑なに守る人も数知れない。そうした結果として、世界的にもまれな個人資産1,300兆円といわれる資産大国になっている。しかし、それらの金の多くが箪笥預金として経済活動に活用もされずに、日本の経済力の低下によって国際的な資産価値を減額させている。また、せっかくの蓄積した資産を何ら活用す

ることなく死んでいく人々も多く、結局は相続税等で国庫に入ることになる。

観光客は非日常性を楽しむ精神状態にある。それを活かし、人生に意義ある購買行動を提案できる観光地の中心街が、これからの時代には活性化する可能性が高い。そうした地域への転換を如何にするべきかが課題となる。

## 4. 町衆の活躍する伊香保温泉

現在の伊香保温泉街は、1576(天正4)年に湯元から石段街を中心とした現在地へ、木暮・千明・岸・大島・島田・望月・後閑の7氏を中心に集落移転したことに始まる。この7氏は温泉宿経営にあたり、寛永年間まで郷士として集落を支配した。その後7氏は、分家等により14氏となり、計画的な温泉街の造成を行っている。

今日まで続く伊香保温泉の引湯権は、1639(寛永16)年に規定された。すなわち、現在の石段街の両側に7軒(氏)ずつ屋敷を構え、湯元から引いた一本の大堰に温泉引湯口としての小間口を設けた。この小間口で湯量を制御分湯する「小間口制度」は伊香保独自のシステムで、現在に受け継がれている(**写真1-7**)。また、現在の有力旅館・ホテルの多くが、旧7氏の経営を継承するところである[2](**写真1-8**)。この様に伊香保温泉には温泉の生命である引湯権をもち大屋と称される人々が、明治以降も地場資本家としてまちづくりを担ってきた歴史がある。そのため、明治以降の資本主義を旨とする工業化社会においても、伊香保におけるまちづくりの主導権は旧来型地場資本や地域住民にあったといえる。

たとえば、明治期に高崎・渋川間、前橋・渋川間および渋川・伊香保間に市街電車が開設された。これは後に東武の経営となり、バス経営や不動産投資などに東急資本も流入した。しかし、まちづくり・地域開発の主導権は伝統的地場資本にあり、かかる大手資本の色彩が薄い地域となっている。このことは近隣の温泉観光地や避暑地における明治以降の開発形態と比較することにより明確になる。たとえば、日光・鬼怒川は東武資本が主導権を持って開発されてきた。また、軽井沢・浅間高原では西武資本が開発の主導権を握り、西武カラーを色濃く出している。他方で、白馬岳地域は東急資本が中心となっている[3]。

地場資本中心の地域形成・地域開発パターンは、草津・水上・四万など群馬

写真1-7　石段街の温泉引湯口としての小間口（左：可視化された源泉湯涌、右：小間口）

写真1-8　旧大家の経営する旅館（左：石段からの入口、右：客室からの雄大な自然景観）

県の温泉地一般に見られる現象である。これは群馬県が明治以降、地場資本によって多くの近代的企業を生んできたことに通じる。その理由は別稿に譲るが、江戸時代から蚕糸業が発達し、地場資本の蓄積が進んでいたことと進取の気性に優れた県民性にあるといえよう。

　7氏を核に独特な地域形成を図ってきた伊香保は、新規参入者もその方針に従うことになる。その結果、新規参入者からも地域の伝統を受け継ぐ人材を育成するシステムが伊香保に形成されていた。こうした人材育成システムは、京都における町衆の育成と似ている。

　伊香保温泉には新旧の多くの町衆がいる。それは伊香保の地域特性であり、重要な地域資源である。新しい時代に対応した新たなまちづくりを推進するには、新しい時代を先導するリーダーが欠かせない。新しい時代感覚を持った町衆がその本領を発揮する時である。

## 5. 伊香保温泉研究の目的

　これまでの温泉観光地は、「生産者の論理に基づく分断型まちづくり」であった。木造旅館・土産物店・遊興施設の並ぶ温泉街に大規模高層ビルを建設し、それぞれの旅館・ホテルが「建物の街化」[4]を図った。すなわち、一つの建物内に宿泊施設は勿論、飲食・遊興・土産もの等物品販売・劇場・会議などあらゆる機能を完備し、宿泊客の囲い込みをしてきた。慰安旅行型団体客には対応しやすい形態であるが、その結果、個人客が求める歩いて楽しめる温泉街やその街並みを破壊してきた。

　観光客の構造的変化は、旅館・ホテルの施設・食事・サービスのあり方・経営方針に変化を求めている。同時に、これまであまり重視してこなかったであろう街並みや土地利用形態、地域の安全性、地域の自然・人文環境・まちづくりのあり方が顧客吸引力に影響を与える様になってきた。また、そうした観光的魅力が様々なビジネスを吸引・集積することによって、都市を発展させつつある。観光なくして地域も国家も成り立たなくなってきたのが今日である。東京など多くの人々を吸引する大都市ほど観光収入が多いのも、その流れによる。また、観光立国・日本を目指す日本政府の行動計画策定の目的もそこにある。こうした中で、伝統ある観光地も、それを支えてきた観光関係者の意識も大きく転換を求められている。

　以上の変化に対応するには、「消費者の論理に基づく連携型まちづくり」への転換を目指す必要がある。個々のホテル・旅館レベルでは経営転換に成功しているところも多いが、地域レベルで見た時、温泉地全体を活性化するまでには至っていない。具体的には、「歩いて楽しいコンパクトな温泉街への再生」である。それには、地域資源を活かした安全なまちづくりが前提となる。また、かかる街は市民全員の協力なしにはできない。知識情報化社会の観光地は、個々の事業体の活性化・個性化とそれらが相互に協調・ネットワーク化して、地域全体の魅力を高めることが求められている。しかも地方分権化の中で、行政に頼ることなく、自立的に観光地運営が可能なシステムを構築しなければならない。

第1章　伝統的温泉観光地・伊香保の課題と再生の必要性　　　　27

　以上を実現するには、町衆として活躍を期待されるホテル・旅館経営者の存在が特に重要となる。そこで、第2章では、伊香保のシンボル・石段街での「温泉街来街者面接調査」、伊香保中心市街地に居住する住民を対象とした「伊香保温泉街訪問面接調査」を基に、消費者の視点から伊香保中心街の再構築による温泉観光地活性化策を考えてみる。また、第3章では時代の変化に対応した構造転換を迫られている伝統的温泉街・伊香保温泉を例に、「消費者の論理に基づく連携型まちづくり」への転換を理念として、伊香保温泉街におけるホテル・旅館の経営者意識調査結果を中心にその実態を見たい。この調査は58ホテル・旅館の内、協力の得られた50社の社長等経営者からの貴重な聴き取り結果である。さらに、交流人口を活かした地域活性化には公共交通政策が欠かせないとの視点から、第4章で伊香保温泉街におけるパーク・アンド・ライド・システムの構築方策を検討する[5]。


〈注〉
1) 伊香保温泉旅館協同組合：『設立50周年記念誌』2002年
2) 伊香保温泉旅館協同組合：前掲1) pp. 20-21
3) 山村順次：「伊香保・鬼怒川における温泉集落形成の意義—集落の社会経済構造からみた—」地理学評論 42-8、pp. 489-503、1969年
4) 戸所　隆：『都市空間の立体化』古今書院、1986年
5) 著者は、2003年8月から3年間、伊香保町で実地調査を継続的に実施してきた。すなわち、①実地踏査等から伊香保町の土地利用図と温泉街の建物用途現況図の作成、②伊香保のシンボル・石段街での「温泉街来街者面接調査(調査実施日：2003年11月・有効サンプル数：202)」、③伊香保中心市街地に居住する住民を対象の「伊香保温泉街訪問面接調査(調査実施日：2003年12月・有効サンプル数：107 (訪問数約600軒))」である。以上の研究は、温泉観光客と一般市民を対象に研究したもので、第2章に示した。
　　また、2004年には伊香保温泉街に立地する全ての旅館・ホテルを対象に、経営者等意思決定のできる人から聴き取り調査を行った。調査は合併前の伊香保町役場観光担当者の協力で伊香保温泉で営業する全ホテル・旅館58事業所に、FAXで調査票の記入と調査票回収時の聴き取り調査依頼をした。その上で、高崎経済大学地域政策学部戸所研究室の大学院・学部学生15名が2名一組になって、個別に58ホテル・旅館に調査票の回収および訪問面接調査を行った。その結果、調査票の回収・訪問面

接調査のできたホテル・旅館は45、アンケート回収のみが5で、アンケートの有効サンプル数は50ホテル・旅館である。なお、多忙な社長等役員の方を対象とする聴き取り調査であったため、調査全体はかなりの時間を要した。また、8つのホテル・旅館には様々な理由で調査協力が得られなかった。この結果は第3章で論じる。

さらに、第4章のパーク・アンド・ライド・システム構築に関する調査は、2005年の「のど自慢と旅の日」および「伊香保ハワイアン・フェスティバル2005」の両イベントに際し、無料駐車場とイベント会場を結ぶ無料小型シャトルバスの運行実験時の利用客への面接アンケートを中心にしている。

# 第2章
# 伊香保中心街の再構築による
# 温泉観光地の活性化

## 1. 伝統的温泉観光中心街再生への仮説

　工業化社会において団体客で賑わった伝統的温泉観光地は、知識情報社会への転換で、その構造転換を迫られている。
　伝統的な温泉観光地の多くは、自然湧出の温泉源を中心に、湯治場として発達した。こうした温泉場の湯量は多く、自然環境にも恵まれたところが多い。そのため、かつて近隣の湯治客を主要な顧客として発展した多くの秘湯は、工業社会において近代的な温泉観光地への転換した。それは所得の増加による生活水準の向上と余暇時間の増加によるところが大きい。特に交通条件に優れた温泉観光地は、企業や農協を中心とした慰安旅行や各種団体旅行の受け皿として観光都市へと成長した。いわゆる大量生産・大量消費型温泉観光地の形成であり、かかる動向はバブル経済の崩壊まで続いた。そこでは多くの観光客を一括して受け入れ、宴会やその後のレジャーや土産物購入まで旅館・ホテル内ですべて完結できる顧客の囲い込みへと進んだ。
　以上の流れにおいては、規模の大きな旅館・ホテルほど有利となるため、大規模な高層ビルの建ち並ぶ温泉観光地が形成された。その結果、かつては湯客で賑わった温泉街は、大型高層旅館・ホテル内の売店・飲食店・レジャー施設に客を奪われて閑散としている。旅館・ホテルの立体高層化で個々の建物が街化することによって、中心街が衰退してきたのである。
　こうした動きは、大量生産・大量消費を旨とする工業化社会における必然の結果であった。しかし、バブル経済の崩壊以降における情報革命の進展によって、知識情報化社会が構築された。成熟した知識社会にあっては、様々な知的

な刺激を求めて旅行が活発化し、その形態も多様化する。そのため、観光産業が大きな力を持つようになるが、主たる旅行形態としての団体旅行が減少し、多種多様な個人旅行・小グループ旅行が中心になってきた。その結果、観光地の有り様も大きな転換を迫られている。たとえば、ボーリング技術の向上と地質情報の精度が高まったことにより、大都市地域をはじめ多くの地域から温泉の湧出が可能になった。そのため、伝統的温泉観光地は従来に増してその地域的特性を発揮することが求められている。

以上のような状況においては、伝統的温泉観光地を一つのコンパクトな都市と見なし、知識情報社会における観光温泉都市に再構築し、地域再生を図る必要がある。そのためには、交流の中で様々な価値観や技術・知恵を持つ多彩な人々を結節させ、新たな考えやモノを次々に創造・情報発信し、魅力あるモノを次々に提供し続ける中心街が不可欠となる。伝統的温泉観光地でも地域資源とその立地条件を活かし、時代の変化に対応した温泉中心街に再生させることが緊要の課題である。

ところで、観光が21世紀の重要産業と考えられる中、日本の多くの観光地は入り込み客・売上高ともに減少している。また、高速交通の発達などで日帰り観光客の増加が著しい。さらに、個人旅行が増加する中で、かつてのように安価な土産をたくさん買って知人に配る人が減少しつつある。しかし、多くの観光地では旧来型の土産店が多く、街を歩いても何ら感動を受けない。また、観光地活性化も、歴史遺産や自然景観、基盤整備などが中心で、人間行動や経営哲学に欠ける観光地が多い。

他方で、人々の購買行動をみると、かつては居住地近くで購入していた洋服や耐久消費財を、気に入ったものと出会った時点で国内外を問わずに購入する人が増加してきた。欧米主要都市における日本人観光客のブランド品購入エネルギーは大きい。そのため、観光地という非日常空間に高級専門店集積型中心街を形成することで観光地のグレードアップと消費拡大を図り、伝統的観光集落の再生が図れるのではないかと考える。それは20世紀型温泉観光地構造と知識情報社会における人間行動とのギャップを埋めることにもなろう。

21世紀型温泉観光地には高層ビルによる「建物の街化」で失われた「歩いて楽しい街並」の再生・付加が必要である。これまでの観光地の研究や政策では、

観光地の中心街形成と一般の都市における中心市街地形成は別の概念で捉えられてきた。しかし、情報化時代にはそれらを一体のものと考え、地域形成をすべきであろう。21世紀型都市はそれによって失われた「歩いて楽しい街並」を20世紀型都市に付加していく必要がある。その意味で、「歩いて楽しい街並」の復活が伝

写真2-1　伊香保温泉の中心・石段街

統的温泉観光地の中心街再生や機能変革においても求められているといえよう。そのためには、歩いて楽しいコンパクトなまちづくりのあり方や、建物の街化した地域における交流空間形成方策に関する研究が必要となる。また、街化した旅館・ホテルが相互協力のもと、旅館・ホテルの内部構造と温泉中心街再整備に努め、観光客を再び公共道路に形成された温泉中心街に吸引する仕掛けづくりを行わねばならない。

　日本における観光地の小売店舗は、おおむね菓子・漬け物や人形等調度品、Tシャツ、身の回り小物類などを販売する店が多い。多くの観光振興計画もその方向性で策定され、高級専門店集積型中心街は通常大都市の都心商店街で形成するものとされる。しかし、国際化が進む情報化社会にあっては、観光という非日常空間での高級品購入が増加しており、高級品購買行動を観光資源化する必要性もある。

　本章では全国的に著名な伝統的温泉観光地である群馬県渋川市の伊香保温泉街を例に、時代の変化の中で観光地における観光客と地域住民の意識を把握し、新しいタイプの温泉観光地やその中心街のあり方を検討する（**写真2-1**）。これまでの温泉街活性化計画の多くは、温泉旅館・ホテル業者の視点で行われてきた。資本の論理・生産者の論理での地域活性化は工業化社会において至極当然のことで、それによって消費者にも多くの利益が生じ、地域経済も潤った。しかし、個々人の自己実現によって成り立つ知識情報化社会においては、地域の論理・消費者の論理を優先する必要がある。そこで本研究では、調査主体を温泉街への来街者と生活者としての住民に置き、伊香保のシンボル・ゾー

ンである石段街における「温泉街来街者面接調査(来街者アンケート)」と「伊香保温泉街訪問面接調査(市民アンケート)」を実施した。さらに、必要に応じて、著者が役場職員や旅館経営者等の地域における有識者から聴き取り調査を行っている。結果として、来街者や住民と旅館・ホテル経営者や行政関係者が重なることもあるが、来街者・住民の視点で回答を求め、その視点で研究した。

なお、本章における中心的作業仮説として、伝統的温泉観光地の中心街を国内外から顧客を吸引できるファッショナブルな観光交流拠点とし、非日常性を活かした購買行動による消費拡大政策の提示がある。また、建物の街化した地域における歩いて楽しいコンパクトなまちづくりによる交流空間形成方策を考えてみたい。温泉街ではないが、軽井沢駅に隣接したアウトレットモールはその例といえる。

伝統的温泉観光地における中心街再生は、単に観光客のためだけでなく、観光地に生活する人々の日常生活に潤いをもたらし、地域を担う人材を吸引するためでもある。情報化時代の地域間結合は、規模の大小はあっても上下関係のない開放型水平ネットワークとなる。それは、各地域が個性豊かな魅力ある社会を構築し、情報発信し、広範な地域から多くの人々を吸引・交流できる空間構造を示す。これからの観光政策には、地域に生きる人々の生活を豊かにする地域資源を活かした地域づくりの思想が欠かせない。

## 2. 伊香保温泉の地域資源と観光客の行動

以下、本研究で実施した「温泉街来街者面接調査」(以下、「来街者アンケート」)と「伊香保温泉街住民訪問面接調査」(以下、「住民アンケート」)の結果を基に、伊香保中心街の再構築による温泉観光地の活性化について考察する。

### (1) 集客圏と来街目的

来街者アンケートによる来街者の居住地は、群馬県が24.8％で最も多く、次いで埼玉県の22.8％と東京都の21.8％となる。埼玉・東京に神奈川・千葉・茨城を加えると60％となり、概ね東京圏から集客していることが知られる。他方で、東京方面以外の隣接県である栃木・新潟・長野の合計が3％と少なく、

表 2-1 伊香保温泉街の集客圏

| | 回答項目 | 回答数 | 割合 |
|---|---|---|---|
| 1 | 伊香保町 | 5人 | 2.5％ |
| 2 | 渋川市 | 5 | 2.5 |
| 3 | 前橋市 | 9 | 4.5 |
| 4 | 高崎市 | 11 | 5.4 |
| 5 | 榛名・箕郷・群馬・吉岡町 | 4 | 2.0 |
| 6 | 群馬県内 | 16 | 7.9 |
| 7 | 東京都 | 44 | 21.8 |
| 8 | 埼玉県 | 46 | 22.8 |
| 9 | 栃木県 | 2 | 1.0 |
| 10 | 新潟県 | 0 | 0.0 |
| 11 | 長野県 | 4 | 2.0 |
| 12 | 神奈川・千葉・茨城県 | 30 | 14.9 |
| 13 | その他 | 26 | 12.9 |
| | NA | 0 | 0.0 |
| | 回答者数 | 202 | 100.0 |

（2003年11～12月　戸所　隆　調査作成）

表 2-2 伊香保温泉への来街目的

| | 回答項目 | 回答数 | 割合 |
|---|---|---|---|
| 1 | 温泉観光 | 174人 | 86.1％ |
| 2 | 結婚式・祝宴 | 1 | 0.5 |
| 3 | 研修・講演会 | 5 | 2.5 |
| 4 | 榛名湖へ来たついで | 4 | 2.0 |
| 5 | 榛名神社への参拝 | 1 | 0.5 |
| 6 | ゴルフ | 4 | 2.0 |
| 7 | 会議・所用 | 2 | 1.0 |
| 8 | 水沢うどん | 18 | 8.9 |
| 9 | 美術館・博物館見学 | 1 | 0.5 |
| 10 | 水沢観音への参拝 | 0 | 0.0 |
| 11 | 食事 | 2 | 1.0 |
| 12 | 親戚・知人に会う | 9 | 4.5 |
| 13 | その他 | 12 | 5.9 |
| | NA | 5 | 2.5 |
| | 回答総数 | 238 | 117.8 |
| | 回答者数 | 202 | 100.0 |

（2003年11～12月　戸所　隆　調査作成）

　これら地域からの集客が課題といえよう。しかし、関東近県以外からの来街者も12.9％存在し、かなり広域から集客していることが知られる（**表 2-1**）。
　県内では伊香保に隣接する前橋・高崎などから14.4％集客しており、伊香保がこの地域における奥座敷的位置にあることを示している。なお、伊香保町民の回答者は2.5％に過ぎず、来街者アンケート結果は非日常的行動をしている他地域居住者の意見と見なせる。
　来街目的では温泉観光が86.1％と圧倒的に多く、次いで「水沢うどん」を食べることの8.9％であった。来街目的を複数回答した人は17.8％に過ぎず、周辺に多くの観光地や施設がありながら、それらとの連携ができていない（**表 2-2**）。
　来街者の50％は初めての来街である。しかし、これまで2～9回来ている人が37.1％、10回以上の来街者が11.4％おり、毎年1回以上来ている人も1％いる。この様に温泉観光を単独目的とする人が多いにもかかわらず、かなりのリピーターが存在する。

回答者の属性を見ると、男女比は男1(33.2％)に対し女2(66.8％)の割合である。また、年齢は20代が33.7％、30代が23.8％、40～50代が27.7％、60代以上が10.4％と比較的若い層の回答となっている。そのため、利用交通機関も自家用車が62.9％と最も多い。2000年の群馬県の交通機関別旅客流動は自家用車分担率92.4％、公共交通分担率4.8％であり[1]、それと比較すると来街者の鉄道・バス利用者27.8％は多いといえる。

また、団体客の減少により観光バス利用者が7.4％に過ぎないが、鉄道・バス利用者を加えると35.2％の人が公共交通を利用していることになる。これらの人々は、駐車時間を気にすることなく街を歩ける条件を持っており、一日平均で5,200人の観光客を吸引している伊香保温泉においては2000人近い来街者が狭い温泉中心街(石段街)の顧客にできる。また、休祝日にはそれ以上の吸引力で観光客を顧客にできる可能性がある。

伊香保へのルートは、鉄道・バスの便が良い伊香保の表玄関・JR渋川駅方面からが61.9％と最も多い。次いで水沢観音経由のルートが21.8％で、榛名湖方面からの来街は4％に過ぎない。伊香保温泉と県内観光地との連携を強化する上からも、榛名湖方面からの周遊ルートの認知力を高めることが重要である。

### (2) 伊香保地域の観光資源認知度と実際の行動

伊香保地域には多くの観光資源がある。そこで主な観光資源について、観光客がどの程度知っているか(認知)、またそこへ行きたいと思ったり(同化)、行った(行動)人がどの位いるかを聴いた。

人々が実際の行動をするには、その前段階として、その対象物を認知する必要がある。また、それがどんなものかを知らなければ、そこへ行こうとも購入しようとも思わない。さらに、対象物を知るだけではだめで、その対象物と一緒になりたい・行きたいと思う必要がある。すなわち、対象物と同化しなければならない。同化して初めて、行動する準備ができる。しかし、行きたい・買いたいと思っても時間的・経済的条件などが整わなければ実際の行動には至らない。従って、伊香保への来街者が伊香保の観光資源をどの程度認知し、行動しているかを知ることで、観光資源の活かし方を戦略的に考えることができ

る。なお、来街者アンケートは石段街で実施しているために、すべての回答者が石段街を認知し、行動してきたと見なして分析する。

認知度の一番高い施設は、露天風呂の78.2％で、行きたい・行った人も65.3％と高い。次いで認知度では榛名湖の62.9％、水沢観音・うどんの58.4％、竹久夢二記念館(**写真2-2**)の55.4％、が高く、伊香保神社・グリーン牧場も40％を超えている(**表2-3**)。これらの施設へは認知した人々の概ね3分の2から半分の人々が、行きたい・行ったと回答するが、そこにも交通条件等での格差が見られる。

たとえば、認知度で言えば「榛名湖」の方が「水沢観音・水沢うどん」より5％程高いものの、同化・行動においては「榛名湖」44.1％、「水沢観音・うどん」49.0％と逆に5％程低くなっている。これは、「水沢観音・水沢うどん」が前橋・高崎から伊香保温泉街への途中にあるのに対し、「榛名湖」は伊香保温泉街の先にあり、自家用車でない限り交通条件が必ずしも良くないことに起因する

写真2-2　竹久夢二のアトリエ跡(榛名湖畔)

写真2-3　榛名湖・榛名富士と「湖畔の宿」歌碑

写真2-4　記念館に展示される徳富蘆花の「不如帰」

(**写真2-3**)。また、榛名神社を含め榛名山一帯の魅力を十分に来街者や観光関係者に認知させていないことに要因がある。

広報力の問題は、徳富蘆花記念文学館、ハラミュージアム・アーク、保科美

表2-3 伊香保で知っている施設と行った・行きたい施設

| 回答項目 | 知っている施設 | | 行った・行きたい施設 | |
|---|---|---|---|---|
| 1 露天風呂 | 158人 | 78.2% | 132人 | 65.3% |
| 2 徳富蘆花記念文学館 | 66 | 32.7 | 22 | 10.9 |
| 3 伊香保神社 | 92 | 45.5 | 63 | 31.2 |
| 4 保科美術館 | 42 | 20.8 | 16 | 7.9 |
| 5 竹久夢二記念館 | 112 | 55.4 | 54 | 26.7 |
| 6 関所 | 50 | 24.8 | 36 | 17.8 |
| 7 グリーン牧場 | 85 | 42.1 | 45 | 22.3 |
| 8 ハラミュージアム | 23 | 11.4 | 10 | 5.0 |
| 9 ベルツの湯 | 71 | 35.1 | 32 | 15.8 |
| 10 ハルナグラス | 34 | 16.8 | 19 | 9.4 |
| 11 スケートリンク | 38 | 18.8 | 12 | 5.9 |
| 12 ゴルフ場 | 46 | 22.8 | 19 | 9.4 |
| 13 ロープウェー・展望台 | 59 | 29.2 | 43 | 21.3 |
| 14 水沢観音・水沢うどん | 118 | 58.4 | 99 | 49.0 |
| 15 渋川スカイランドパーク | 41 | 20.3 | 11 | 5.4 |
| 16 榛名神社 | 80 | 39.6 | 48 | 23.8 |
| 17 日本シャンソン館 | 25 | 12.4 | 9 | 4.5 |
| 18 ガラス工芸、その他の美術館 | 46 | 22.8 | 42 | 20.8 |
| 19 その他 | 10 | 5.0 | 7 | 3.5 |
| NA | 2 | 1.0 | 7 | 3.5 |
| 回答総数 | 1325 | 655.9 | 841 | 407.0 |
| 回答者数 | 202 | 100.0 | 202 | 100.0 |

(2003年11～12月　戸所　隆　調査作成)

術館などの認知度の低さや同化・行動の少なさにも現れている。団体旅行から個人旅行へと重心が移動する中で、学術的価値の高いこれら施設の魅力をもっと強く広報する必要がある。その際、たとえば50歳代以下の人々には徳富蘆花は過去の人となっており、蘆花への関心を伊香保温泉を通して復活させる戦略が伊香保再生に繋がるであろう(**写真2-4**)。また、多くの観光資源を連携させ、自然に回遊できるシステムづくりが求められている。それには地理感のない観光客が、安心して動ける公共交通と正確で分かりやすい地図・サイン計画が不可欠である。

　ところで、伊香保住民は観光客へアピールすべき観光資源として何を重視しているのであろうか。その結果が**表2-4**である。最も多いのは石段街(90.7%)

表 2-4　伊香保で重視すべき観光資源

| 回答項目 | 回答数 | 割合 |
| --- | --- | --- |
| 1　石段街 | 97 人 | 90.7 % |
| 2　徳富蘆花記念文学館 | 18 | 16.8 |
| 3　伊香保神社 | 32 | 29.9 |
| 4　保科美術館 | 4 | 3.7 |
| 5　竹久夢二記念館 | 14 | 13.1 |
| 6　露天風呂 | 51 | 47.7 |
| 7　グリーン牧場 | 7 | 6.5 |
| 8　ハラミュージアム | 3 | 2.8 |
| 9　ベルツの湯 | 4 | 3.7 |
| 10　ハルナグラス | 3 | 2.8 |
| 11　ゴルフ場 | 3 | 2.8 |
| 12　スケートリンク | 15 | 14.0 |
| 13　ロープウェー | 16 | 15.0 |
| 14　水沢観音・水沢うどん | 49 | 45.8 |
| 15　榛名湖 | 17 | 15.9 |
| 16　榛名神社 | 7 | 6.5 |
| 17　日本シャンソン館 | 0 | 0.0 |
| 18　ガラス工芸・切り絵等の美術館 | 2 | 1.9 |
| 19　渋川スカイランドパーク | 4 | 3.7 |
| 20　その他 | 3 | 2.8 |
| NA | 1 | 0.9 |
| 回答総数 | 350 | 327.1 |
| 回答者数 | 107 | 100.0 |

(2003 年 11 ～ 12 月　戸所　隆　調査作成)

で、次いで露天風呂(47.7 %)、水沢観音・水沢うどん(45.8 %)、伊香保神社(29.9 %)となる。これらは既に多くの観光客が立ち寄っているところである。

　他方で、伊香保住民は 20 % 以上の観光客が行きたい・行ったという榛名湖・榛名神社・夢二記念館・グリーン牧場・ロープウェー展望台・ガラス工芸等の美術館などへの関心を示していない。既存の魅力的な観光資源を活かす努力をしていないことが意識面に現れたものといえよう。また、徳富蘆花記念文学館を重視すべきとする住民が 16.8 % いるのに対し、観光客で行きたいとする人は10.9 % に過ぎない。ここでも、地域住民と観光客のミスマッチがある。徳富蘆花記念文学館を重視するならそれなりの戦略が必要となる。

この様に伊香保およびその周辺に立地分布する多彩な観光資源は温泉街の活性化に十分活用されていない。折角ある地域資源を相互に益をもたらすようにするための仕掛けづくりが重要となる。

## 3. 伊香保温泉の目指すべき街のイメージ

### (1) 住民の求める伊香保温泉街の在り方

住民が求める伊香保温泉街の在り方で最も多いのが、「石段街や湯元など古き良き時代の温泉情緒豊かな街」で65.4％の住民が選択した。次いで「自然環境を保全し自然と人間が共生できるまち」が40.2％と多い(**表2-5**)。また、温泉観光地としては「関東甲信越から来客のある温泉観光都市(6.5％)」より「全国から来客のある広域温泉観光都市(36.4％)」を求めている。現実には関東南部からの来訪者が多い現実からして、全国型の温泉地への展開を求める前向きな姿勢と評価できる。他では「医療・福祉施策が充実し安心して暮らせるまち」が27.1％と多いものの、それ以外は10％前後以下の選択しかない。

表2-5 市民イメージによる伊香保温泉街の方向性

| 回答項目 | 回答数 | 割合 |
|---|---|---|
| 1 商店街や大型店の整備された温泉観光都市 | 14人 | 13.1％ |
| 2 近郊レジャー施設と連携した長期滞在型温泉地 | 9 | 8.4 |
| 3 自然環境を保全し自然と人間が共生できるまち | 43 | 40.2 |
| 4 他の温泉地と連携した一泊滞在型温泉地 | 6 | 5.6 |
| 5 石段街や湯元など古き良き時代の温泉情緒豊かな街 | 70 | 65.4 |
| 6 高崎・前橋の奥座敷的な温泉街 | 12 | 11.2 |
| 7 地域活動が盛んでコミュニティの保たれたまち | 10 | 9.3 |
| 8 医療・福祉施策が充実し安心して暮らせるまち | 29 | 27.1 |
| 9 学校・生涯教育など教育環境が充実したまち | 8 | 7.5 |
| 10 住民の意見・要望が町政に反映されるまち | 17 | 15.9 |
| 11 全国から来客のある広域温泉観光都市 | 39 | 36.4 |
| 12 関東甲信越を主に来客のある温泉観光都市 | 7 | 6.5 |
| 13 その他 | 6 | 5.6 |
| NA | 0 | 0.0 |
| 回答総数　(3つまで複数回答可) | 270 | 252.3 |
| 回答者数 | 107 | 100.0 |

(2003年11～12月　戸所　隆　調査作成)

こうした住民の求めるまちづくりイメージを見る限り、従来からの流れの域を出ていない。それは伊香保温泉の基本を維持していくために重要なことであるが、個人旅行を中心とする知識情報化社会に適しているか疑問である。伊香保にとって時代の転換期に「変わるもの」「変わらないもの」「変えてはならないもの」「変えねばならないもの」を区分し、メリハリのある地域政策の展開が必要である。こうした視点で見ると、前述のように伊香保住民が重視する観光資源は、団体旅行や観光斡旋業者のルートに乗りやすい観光施設に特化している（**表 2-4**）。従来の流れを大切にしつつも、個人的な知識開発型観光行動を支援する観光地づくりへの展開も視野に入れる必要がある。そのためには、伊香保温泉街とその周辺に数多く立地する大小様々な文化施設との連携を強化し、それらの発展を支援する施策が求められる。それには住民自身が文化施設への理解を深め、旅人に紹介できるホスピタリティが不可欠となる。

### （2）伊香保温泉の満足度と相応しいムード

　観光客や住民は伊香保温泉にどのような雰囲気・ムードを期待しているのであろうか。最も多いのは「古き良き日本を感じる街」で、観光客の 48.0％、住民の 38.3％が選択している。近年、伝統的な街並みを持つ観光地へ観光客が訪れる傾向にあり、伊香保においても古き日本への郷愁を感じさせる歴史の古い温泉街への期待が大きい（**写真 2-5**）。次いで「大正ロマンを感じる街」が多く、観光客 35.6％、住民 31.8％である。さらに「歴史の厚さを感じる街」などへの支持が多く、超現代的な街並みを求める人は少ない（**表 2-6**）。このように伊香

**写真 2-5　伝統的デザインの新旧旅館**（左：木造旅館、右：鉄筋造旅館）

表 2-6　伊香保温泉に相応しい街のイメージ

| 回答項目 | 観光客 | | 市民 | |
|---|---|---|---|---|
| 1　超現代的な街 | 0人 | 0.0 % | 3人 | 2.8 % |
| 2　大正ロマンを感じる街 | 72 | 35.6 | 34 | 31.8 |
| 3　古き良き日本を感じる街 | 97 | 48.0 | 41 | 38.3 |
| 4　歴史の厚さを感じる街 | 26 | 12.9 | 17 | 15.9 |
| 5　その他 | 1 | 0.5 | 10 | 9.3 |
| NA | 6 | 3.0 | 2 | 1.9 |
| 回答者数 | 202 | 100.0 | 107 | 100.0 |

(2003年11〜12月　戸所　隆　調査作成)

保温泉に期待する雰囲気・ムードは、観光客・住民ともに同様の傾向を示すが、観光客の方が「古き良き日本を感じる街」と「大正ロマンを感じる街」に集中し、住民の方がやや分散的といえる。住民は日常生活をする上で、伝統にとらわれてはいられない側面を感じ、観光客よりやや多様化傾向にあると考えられる。

　観光客は伊香保温泉の街並みや雰囲気をどのように評価しているのであろうか。石段街での来街者アンケートでは、「満足」が21.8％、「やや満足」が33.7％と55.5％の観光客が一応の評価をしている。他方で、「不満足」は2.0％、「やや不満足」は7.9％に過ぎない。そのため、問題ないとの見方もできようが、「普通」と評価した29.7％の観光客は、面接時の雰囲気ではどちらかというと否定的であった(**表 2-7**)。すなわち、「どこの温泉街もこんなもので、一時滞留者がどうこう言っても仕方がない」、「評価も否定もしないが、再び来る気にはなれない」といったものである。また、「満足」「やや満足」と評価した人に付帯意見はほとんどなく、「満足」と答えておけば角が立たないであろう位の回答も結構あった。他方で、「不満足」「やや不満足」と答えた観光客には、付帯意見が多くあり、まとめると以下のようになる。

　①街並みも店舗も暗く寂れた感じ。明る

表 2-7　伊香保温泉の雰囲気に関する観光客満足度

| 回答項目 | 回答数 | 割合 |
|---|---|---|
| 1　満足 | 44人 | 21.8 % |
| 2　やや満足 | 68 | 33.7 |
| 3　普通 | 60 | 29.7 |
| 4　やや不満 | 16 | 7.9 |
| 5　不満足 | 4 | 2.0 |
| NA | 10 | 5.0 |
| 回答者数 | 202 | 100.0 |

(2003年11〜12月　戸所　隆　調査作成)

く賑やかで美しい街にして欲しい。
　②観光名所が少なく案内標識・説明板も少ない。歩きやすい街にして欲しい。
　③湯煙も足湯もなく温泉街のイメージがない。温泉情緒豊かな街並みにして欲しい。
　④店舗の営業時間が短い。いつ来ても楽しい街にして欲しい。
　⑤道路などの都市基盤整備を充実させ、誰にも優しい街にして欲しい。
　伊香保には前述のように多くの観光資源があり、「観光名所が少ない」との意見が出るのは、広報とアクセス手段の問題であろう。実態と認識とのギャップは、しかるべき方法にて早急に埋める必要がある。他方で、的確な指摘には謙虚に対応しなければならない。

### (3) 伊香保温泉のカラー・イメージ

　街並みや地域の景観を特色づける要素に色があり、どのような色が主流かによって、街のイメージは大きく変わる。そこで、伊香保温泉街のカラー・イメージを自由に答えてもらった。その結果、前述のように観光客・住民ともに伝統的な街並みを指向することから、カラー・イメージにもそれが現れた(**表2-8**)。すなわち、伝統的な日本の街並みに多く使用されている茶色・灰色をイメージする人が多く、観光客で28.7％、住民で34.6％になる。他の色は、住民において緑が15.9％と多い。しかし、それ以外の人のカラー・イメージは多様化する。その結果、その他の色をイメージした人と回答しない人が観光客で61.3％、住民で45.8％の多くに達している。このことは伊香保温泉街のカラー・

表2-8　伊香保温泉街のカラー・イメージ

| 回答項目 | 観光客 | | 住民 | |
|---|---|---|---|---|
| 1　茶色 | 32人 | 15.8％ | 22人 | 20.6％ |
| 2　灰色 | 26 | 12.9 | 15 | 14.0 |
| 3　緑 | 12 | 5.9 | 17 | 15.9 |
| 4　黄色 | 8 | 4.0 | 4 | 3.7 |
| 5　その他 | 51 | 25.2 | 22 | 20.6 |
| NA | 73 | 36.1 | 27 | 25.2 |
| 回答者数 | 202 | 100.0 | 107 | 100.0 |

(2003年11〜12月　戸所　隆　調査作成)

イメージが統一されていないことの現れである。同時に、街づくりコンセプトが住民に浸透しておらず、観光客への情報発信もできていないことになる。

以上の結果は、前橋中心商業地での類似調査の結果とは異なっている。すなわち、伊香保同様、特別の情報を与えることなく来街者に前橋中心商業地に相応しい色を聞いたところ、レンガ色38.3％、深緑37.3％、水色15.7％の回答が多かった。前橋市は「水と緑と詩のまち」をキャッチフレーズとしてきた。大正ロマンを標榜し、水と緑を大切にしようとする市民共通概念の現れと考えられる。そのため、前橋中心商業地の景観形成指針も出しやすく、多くの樹木に囲まれた深緑の中に水が流れ、煉瓦倉庫をはじめレンガ色の建物が並ぶ景観まちづくりも始められる。伊香保においても、街づくりのコンセプトを確立し、住民共通のカラー・イメージを持つ必要がある。

## 4. 石段街の印象とファッション街構築に対する賛否

### (1) 伊香保温泉のシンボル・石段街の印象

伊香保温泉の核の一つに湯元・露天風呂があるが、伊香保温泉のシンボルは温泉中心街としての石段街といえよう。すなわち、観光客は88.2％、住民は90.6％の人が石段街を伊香保温泉のシンボルと認識している（表2-9）。しかし、石段街の現状に対する満足度は観光客と住民では全く逆の評価となった。

64.9％の観光客は石段街を伊香保温泉のシンボルと認識し、現状でよいとする。シンボルと認識するが、現状の石段街には不満とする観光客は23.3％と現状肯定派の約1/3に過ぎない。他方で、シンボルと認識するが現状でよいとす

表2-9 伊香保温泉のシンボル・石段街の印象

| 回答項目 | 観光客 | | 住民 | |
|---|---|---|---|---|
| 1 シンボルであり現状でよい | 131人 | 64.9％ | 27人 | 25.2％ |
| 2 シンボルだが現状は不満 | 47 | 23.3 | 70 | 65.4 |
| 3 シンボルとはいえない | 5 | 2.5 | 2 | 1.9 |
| 4 分からない | 14 | 6.9 | 8 | 7.5 |
| NA | 5 | 2.5 | 0 | 0.0 |
| 回答者数 | 202 | 100.0 | 107 | 100.0 |

(2003年11～12月　戸所　隆　調査作成)

る住民は、観光客の半分以下の25.2％である。そして石段街を伊香保温泉のシンボルと認めるが、現状には不満とする住民が65.4％もいる。

　こうした評価の差異は、一時滞留者と日常生活者の意識の違いといえる。一時滞留者の観光客にとって、石段街は物珍しさからそこに立つだけで一定の満足感が得られる。特に、約半分の来街者は初めての伊香保温泉であるため、石段街とその両側に展開する温泉旅館や土産物店を目にするだけで、一定の満足が得られるのであろう。しかし、観光客でも伊香保温泉街への来街回数が重なるにつれ、石段街のあり方に不満を持つようになる。たとえば来街者の意見に次のようなものがある。①石段街に旅館や店舗を増やしてもっと賑やかにして欲しい、②石段に関する由来を示す説明板が欲しい、③日常生活の臭いが表に出すぎており、温泉街らしい非日常空間の演出が欲しい、などである。

　他方、住民にとっては伊香保町内に利便性・快適性に富んだ買物街がないため、中心商店街としての石段街への期待が大きい。それは石段街を中心に発達した伊香保温泉の歴史やかつての繁栄を知る人ほど強いといえる。たとえば、①土産物店だけでなく、魅力ある店を増やし、誰もが楽しめる街にして欲しい、②石段街へのアクセスとサービスを改善し、石段街を歩いて楽しめる空間にして欲しい、③建物と店内をきれいにし、日帰り客が楽しめる施設や店を増やして欲しい、④地域住民が協力体制を整えて石段街の整備や観光ガイドに努めて欲しい、などである。

　こうした要望に応えるには、温泉旅館・ホテルの内部改造を含め、伊香保温泉街の抜本的改造が必要となる。

### (2) ホテル・旅館の構造転換と石段街の再生計画

　大型旅館やホテルの建物内に多種多様な店舗・遊興施設があるため、石段街に出てくる人が少ないとの来街者・住民の意見が多い。また、力のある大型旅館が、近くとはいえ石段街を離れ、大規模化したことが問題との意見もある。いずれにせよ来街者・住民アンケート共に、伊香保の街づくりには石段街をシンボルとして活性化させることの重要性が指摘された。新しい時代に対応した石段街の再生には、伊香保温泉全体の構造改革に基づいた石段街再生計画が必要である。またそれを遂行するには、来街者・住民の目線で策定する官民協働

表 2-10　旅館・宿泊数の変遷

| 年 | 旅館数 | 宿泊客数 |
| --- | --- | --- |
| 1935(昭10) | 32軒 | 180,440人 |
| 1945(昭20) | 28 | 116,514 |
| 1955(昭30) | 30 | 230,397 |
| 1960(昭35) | 43 | 494,903 |
| 1965(昭40) | 51 | 707,288 |
| 1970(昭45) | 61 | 1,032,113 |
| 1975(昭50) | 65 | 1,095,501 |
| 1980(昭55) | 65 | 1,341,557 |
| 1985(昭60) | 66 | 1,492,667 |
| 1990(平2) | 66 | 1,670,406 |
| 1995(平7) | 61 | 1,620,168 |
| 2000(平12) | 58 | 1,360,985 |

(伊香保温泉旅館協同組合:『設立50周年記念誌』2002年より作成)

の伊香保温泉再生コンセプト・再生計画の構築が課題となる。

著者はかねてより、都市空間の立体化の研究[2]をしてきた。建物が高層化すると大規模化し、公共的スペースが建物内に増加してくる。また、一つの建物内に多種多様な機能が収容され、建物内部の複合化が進展する。その結果、この種の大規模建物内部は、当該建物利用者にとって基本的な生活条件の整った街となる。著者はこれを「建物の街化(まちか)」と称している。温泉街においても、旅館・ホテルの高層化・規模拡大によって、宿泊機能以外に多種多様な店舗や遊興施設が設置され、建物の街化が進展した。そのため、かつて賑わった温泉街に観光客が繰り出さなくなり、温泉街を衰退させた。伊香保の石段街もその例外ではない。

伊香保温泉の旅館数・宿泊客数は1935年に32軒・18.0万人が、1955年には30軒・23.0万人、1965年には51軒・70.7万人、1975年には65軒・109万人、1985年には66軒・149万人、1995年には61軒・162万人と急増してきた(表2-10)。宿泊客の増加に伴い、旅館・ホテル数の増加と既存宿泊施設の拡張が進んだ。また、経済的に豊かになり宿泊客のニーズが多様化することで、新たなサービス施設が求められた。しかし、山間斜面に形成された伊香保温泉街での建設可能空間は新たに造成を図るにしても限られる。そのため、宿泊客の増加や施設の充実を図ることは、自然に建物の高層・立体化・大規模化へと繋がった。その結果、伊香保温泉全体に「建物の街化」が進展することになった。

高度経済成長期およびその後もバブル期までは、団体旅行や企業の慰安旅行が盛んに行われた。そうしたいわば大量生産・大量消費の時代は、「建物の街化」による旅館・ホテル経営が効率も良かった。しかし、バブル経済崩壊後は、

表 2-11　旅館・ホテル内の店舗・劇場等を中心街に移す是非

| 回答項目 | 観光客 | | 住民 | |
|---|---|---|---|---|
| 1　とても良い | 32人 | 15.8% | 37人 | 34.6% |
| 2　良い | 64 | 31.7 | 29 | 27.1 |
| 3　分からない | 44 | 21.8 | 17 | 15.9 |
| 4　悪い | 7 | 3.5 | 3 | 2.8 |
| 5　するべきでない | 46 | 22.8 | 10 | 9.3 |
| 6　どうでも良い | 2 | 1.0 | 8 | 7.5 |
| NA | 7 | 3.5 | 3 | 2.8 |
| 回答者数 | 202 | 100.0 | 107 | 100.0 |

(2003年11～12月　戸所　隆　調査作成)

個人客中心になり、ゆっくりと街並みを楽しみながら温泉に浸かる癒しの時間が重要視されるようになっている。そのため、前述のように伊香保温泉でも伊香保温泉のシンボルとしての石段街への期待が高まり、それに十分応えられていない現状に対し、批判が出る構造にある。

多くの温泉街で高層・立体化・大規模化による「建物の街化」が進む中で、兵庫県の城崎温泉は温泉街の街並み維持に努めてきた。すなわち、地域協定として温泉旅館内には土産物店や遊興施設を設置せず、宿泊客を街に繰り出させるようにしてきた。同時に、外湯巡りと称して、宿泊旅館以外の共同風呂に自由に宿泊客が入浴できるシステムを創った。その結果、JR城崎駅から温泉街までの約400mも、また温泉街内部の約1kmの街並みにも宿泊客が溢れ、雪の日であっても多くの観光客の歩く姿がある[3]。

伊香保温泉街でも、観光客・住民ともに、旅館・ホテルから土産物店や遊興施設を街に出して欲しいとの声が多く聞かれた。そこで、観光客・住民に「旅館・ホテル内にある土産物店、バー、スナック、カラオケルーム、劇場等を石段街などに移し、歩いて楽しい温泉街にする」ことについてどう思うか、考えを尋ねた。その結果が 表2-11 である。

「とても良い」「良い」と回答した観光客は47.5%、住民は61.7%である。他方、「悪い」「するべきでない」との回答は、観光客26.3%、住民12.1%で、「分からない」も観光客の方が6ポイントほど多い。この様に、住民・観光客共に旅館・ホテルの協力を得て街並みを再生する方向について賛同傾向にあるが、

その傾向は住民に強い。これは、住民が日常的に街の再生の必要性を感じていることの表れであろう。

観光客には、旅館・ホテル内の店舗等を石段街に移すべきでないという人が、4人に1人の割合でいる。また、「分からない」という観光客が21.8％になる。すなわち、観光客は賛成とそれ以外に二分される。このことは、旅館・ホテル内の店舗展開・建物の街化も観光客に一定の評価を得ていることになる。著者は大型の旅館・ホテルにはこれからも一定量の建物内店舗等の設置は必要と思う。そうであっても、有力な旅館・ホテルは宿泊客を当該旅館・ホテル内に囲い込むことなく、温泉街にも店舗展開し、旅館・ホテルと温泉街が一体となった活力あるまちづくりを行うことが重要と考える。

### (3) 繁華街はファッション・ショーの舞台

人々が街を楽しむ目的は、大きく分けて2つある。一つは生活に必要な商品の購入という経済的目的で、日用必需品よりも買い廻り品や贈答品の購買行動に非日常的な楽しさをより強く感じるものである。他の一つは、街の雰囲気を楽しみ、そこから現代文化・流行の情報をつかむことである。

人々は日常空間とは異なる繁華街という非日常空間で、その街並みの美しさや楽しさを味わう。そのためには、人々を引きつける街並みの美しさや魅力が必要となる。しかし、街並みの美しさや魅力だけでは人々は集まらない。それは何の変哲もない神社の境内が、縁日には多くの人々が集う非日常空間になるのは、そこに縁日という意味づけ、物語性があるからである。同時に普段会えない誰かに会えるかも知れないという期待感、意外性が存在するためといえよう。すなわち、街の存在する物語・ストーリーを感じさせ、何らかの期待感と意外性があるところに人々は集う。

さらに、繁華街に集まってきた人々は、そこに集う他の人々を見ている。繁華街という舞台の上で人々が様々なパフォーマンスを演じる姿を楽しむのである。それは他人を見ると同時に、自分を見せる歓びに繋がる。いわば、繁華街という舞台に集う誰もが相互にファッション・ショーを行い、そこから新たな情報を得ることにより時代の流れを知り、新たな買い物欲求が生まれ、購買行動に結びつくのである。

以上のことは、前述の観光地選択における「認知→同化→行動」の心理パターンに通じるものである。すなわち、物を売るためには、人々にこうした商品があり、それを身に付けたり食べることに意味があることを認知させることが重要になる。また、それを実現したいと思う雰囲気と、それを実現できる環境を整えねばならない。そのためには、①地域性にあった快適で美しく魅力を感じる商業空間の創造、②街の物語性などにより心理的に非日常空間に存在する歓びを感じさせる仕掛け、③街の雰囲気から発生する欲求を満たせる商品・サービスの提供、が必要となる。以上の視点から繁華街を改造することが、どこの中心商業地にも求められるが、現実には改造できないでいる。そうした中にあって、伊香保石段街はその可能性を持つ街の一つといえよう。

### (4) 石段街のファッション街転換の賛否

来街者アンケート回答者の60％強が30歳代以下である。かつては温泉街というと高齢者が中心であったが、今日では青年層が多くなっている。これらの年齢層の人々は、国内外に関わらず、自分に気に入ったモノがあれば、即座に購入する購買特性を持っている。それはパリやミラノ、ロンドンやニューヨークなどでブランド品を買い漁る日本人旅行者を見れば理解できよう。

観光地という非日常空間では、多くの人々が開放感に浸る。また、普段は多忙のため、購買行動をしない人々も観光がてら普段からほしいと思うモノを探すことも多い。しかし、日本では多くの観光地商店街に菓子・漬け物などのいわゆる土産物や人形・Tシャツ・身の回り小物類などを販売する店しかなく、欲しいモノがないのが実情である。そのため、せっかく非日常空間に浸り、財布の紐を弛めているにもかかわらず、購入に至らないことが多い。

また、かつては1,000円前後の物産を複数購入し、職場や隣近所に配るための購買行動も多く見られた。そうした行動も職場環境や近所づきあいの変化、個人旅行中心の旅行形態の増加によって変化しつつある。そのため、利幅が少なくとも大量販売することで収益を上げていた土産物店の経営が以前ほど順調でなくなっている。

他方で、軽井沢のようなリゾート地であっても、高級ブランド品のアウトレット・モールで多くの人々が購買行動をする。軽井沢の場合は、新幹線の開

通によって東京その他から行きやすくなったこともある。しかし、軽井沢という欧米流リゾート地のイメージとプリンスホテルの高級感に高級ブランド品のアウトレット・モールがうまくマッチし、相乗効果の中で顧客吸引力を高めているといえよう。そのため、軽井沢へ行ったついでの買い物から、買い物のついでにリゾート地を楽しむ人も増加している。

　すなわち、従来型観光地の土産物店街・歓楽街とは異なり、その観光地の雰囲気にあった付加価値の高い商品を販売する商業地形成によって、従来とは異質なまちづくりや経営環境を創造することができる。また、こうした中心商業地を観光温泉街に構築することは、国際観光地としても発展できる基盤づくりとなろう。

　そこで、伊香保のシンボルである石段街を中心に、伝統的な温泉観光地に適したファッショナブルな観光交流拠点形成を図り、非日常性を活かした購買行動による消費拡大政策を提案したい。伊香保では軽井沢の欧米的雰囲気と異なり、観光客・住民ともイメージする古き良き日本・大正ロマンを感じる街並みに、現代人が好む・必要とする付加価値の高い購買環境を形成することになろう。こうした観光地における中心街の再生は、観光客のためだけでなく、そこで生活する人々の日常生活の利便性を高め、生活に潤いをもたらし、地域を担う人材を吸引するためにも役立つ。また、日帰り観光客を地域経済の活性化に役立てるためにも、伊香保のシンボルである石段街の魅力を高め、昼間の観光客を石段街に吸引しなければならない。それは、87％の住民が住民アンケートで、昼間時に石段街へ観光客を増加させる必要性を回答していることにも現れている。

　そこで、以上のことを前提として、観光客と住民の双方に、「石段街を伊香保らしいファッション街・ブランド店街にして昼間の集客力を高める」ことの是非を尋ねた。「とても良い」「良い」と回答した観光客は31.7％、住民は52.3％である。他方、「悪い」「するべきでない」との回答は、観光客37.1％、住民21.5％で、「分からない」が観光客26.2％、住民21.5％である（**表2-12**）。

　住民からは上記のような石段街の改造に、過半数の賛同を得たが、観光客は賛成・反対・わからないに評価がほぼ三分割された。反対者や分からないとする観光客の多くは、東京の二番煎じ的街並みを想像して批判的になったように

表 2-12　伊香保らしいファッション・ブランド街で中心街の集客力増強

| 回答項目 | 観光客 | | 住民 | |
|---|---|---|---|---|
| 1 とても良い | 24人 | 11.9% | 26人 | 24.3% |
| 2 良い | 40 | 19.8 | 30 | 28.0 |
| 3 分からない | 53 | 26.2 | 23 | 21.5 |
| 4 悪い | 12 | 5.9 | 4 | 3.7 |
| 5 するべきでない | 63 | 31.2 | 19 | 17.8 |
| 6 どうでも良い | 2 | 1.0 | 2 | 1.9 |
| NA | 8 | 4.0 | 3 | 2.8 |
| 回答者数 | 202 | 100.0 | 107 | 100.0 |

(2003年11～12月　戸所　隆　調査作成)

感じられた。それは観光客・住民を問わず、ファッション街・ブランド店街といっても伊香保の雰囲気を活かしたものであることを説明することで賛成した人が多くいたことから判断できる。換言すれば、この計画を推進する場合、伊香保らしいファッション街・ブランド店街のイメージを明確にし、顧客の理解を得るために懇切丁寧な説明を繰り返し、支持者を広げる必要がある。

## 5. 温泉観光地活性化に資するまちづくり方策

　伊香保のシンボルである石段街を中心に伝統的な温泉観光地に適したファッショナブルな観光交流拠点形成による消費拡大政策には、解決しなければならない問題が多くある。しかし、今後の温泉観光地におけるまちづくり政策の方向性を示すものとして検討する価値があると考えている。いずれにせよ、時代の大転換には地域資源を活かして新たな展開を図らない限り、既存観光地の衰退は避けられない。
　知識情報化社会の地域は個性を明確にし、それを強く打ち出す必要がある。伊香保の場合、日本有数の温泉観光地として温泉街の高度化を図ることが重要である。しかし、人口4千人弱の伊香保町が温泉観光地としての特徴を強調すればするほど、単機能都市化することになる。それは地域の自立を求められる時代にあっては危険なことである。温泉観光地が不況に見舞われた場合、単一経済構造では町の経済が直撃を受け、地域経営が立ち行かなくなる。それを回

避する手段として、市町村合併がある。

　伊香保町は2006年2月、渋川市・赤城村・小野上村・北橘村・子持村と合併し、新たに渋川市としてスタートした。中心都市の渋川市は伊香保温泉のゲートウェイであり、重化学工業都市でもある。また他の村は多様な農林業が発達しており、豊かな地域資源を持つ。各地域が特性を活かし、相互協力することにより、様々な経済社会環境の変化に対応できる様になる。またそのことによって、伊香保は温泉観光地としての地域形成に特化できるようになった。

　これまでの伊香保町は、地形的に必ずしも良好でないところに温泉が湧出した関係もあって、温泉街を中心にコンパクトな市街地が形成されてきた。そのため、都市経営も比較的スムーズに推移してきたといえよう。しかし、近年これまでの中心街区から離れた地区において市街化が急速に進展している。それは近い将来、温泉街の魅力喪失に繋がることになる。そうした事態を避けるための環境整備が、中心街再構築の前提にある。さらに、中心街の土地問題がある。日本の中心商業地の再活性化に際し、最大の問題点は土地問題といえる。土地の流動化が生じれば、土地を有効に活用しようとする人が現われる。しかし、土地所有者の協力が得られないために、時代に対応したまちづくりが迅速かつ柔軟に行えず、衰退化した中心街が多い。こうした愚を避けるべく、土地利用会社のような組織を創り、地主も不安を解消した協働のまちづくりをする体制整備が求められる。

　良好な温泉観光地への発展には、自然・人文環境の整備とその持続的発展が求められる。それには、土地利用制度や景観計画などの環境形成制度の導入が不可欠となる。市民アンケートでは、こうした制度の導入に56％の人が賛成する。しかし、この種の制度の導入には個人的利害が絡むため、総論賛成・各論反対になりやすい。この調整が今後の課題である。

〈注〉
1) 群馬県交通政策課：『ぐんまの交通』2003年
2) 戸所　隆：『都市空間の立体化』古今書院、1986年
3) 2003年1月の城崎温泉観光協会その他の現地調査による。

# 第3章
# ホテル・旅館経営者からみた伊香保温泉の実態と再生のあり方

## 1. 伊香保温泉におけるホテル・旅館の経営実態と特性

### (1) 伝統派と新興派からなる地場資本主体の経営

　伊香保温泉は延喜式内社の伊香保神社(**写真3-1**)への石段を中心に形成された400年以上の歴史を持つ伝統的温泉地で、地場資本のホテル・旅館が圧倒的に多い。2004年に伊香保町温泉街に立地する全てのホテル・旅館を対象に聴き取り・アンケート調査をした際、回答した50社中45社が本社を伊香保に置き、他の3社も群馬県内に本社があることがわかった[1]。これは木暮・千明・岸・大島・島田・望月・後閑の7氏が温泉宿経営をしながら、郷士として集落を支配し、計画的に温泉街形成を行ってきた(**写真3-2**)伊香保の歴史によるところが大きい[2]。

　伊香保温泉の「小間口制度」は、湯元から引いた一本の大堰に温泉引湯口(小

写真3-1　延喜式内社の伊香保神社　　写真3-2　石段街にある温泉都市計画第1号の碑

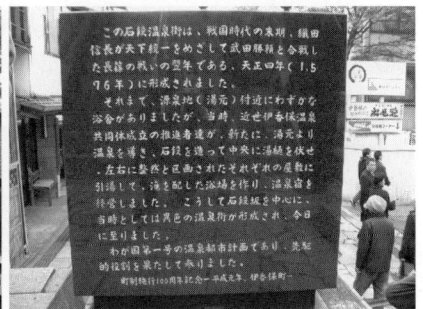

写真 3-3　1961 年造成・分譲の伊香保新開発地

間口)を設け、そこから石段街の両側に湯量を制御分湯する伊香保独自のシステムである。このシステムは 1639(寛永 16)年に規定され、その引湯権は現在まで受け継がれ、旧 7 氏のうち木暮・千明・岸の 3 氏 4 社は今日まで旅館・ホテル経営を継続している。この様に伊香保温泉には、温泉の生命である引湯権を持ち、後に大屋と称され、明治以降も地場資本家としてまちづくりを担ってきた人々の存在・歴史がある。すなわち、7 氏を核に地場資本による地域形成を図ることで伝統が創られ、新規参入者を地域の方針に従わせることになる。そうした新規参入者の中からも地域の伝統を受け継ぐ中核的な人材が育ってきた。こうした人材育成・地域文化継承システムが伊香保にはあったといえる。

　その結果、事業歴 100 年以上の旅館・ホテルが 36 ％ と多い。また、第二次世界大戦前の創業が 46 ％ に対し、戦後の創業が 54 ％ と明確に伝統派と新興派に分かれ構造化している。同時に、高度経済成長期・安定経済成長期に創業したホテル・旅館がそれぞれ 20 ％ 以上存在し、経済成長と共に順調に温泉街として成長してきたことが知られる。

　図 3-1 は現在の創業年別に示した旅館・ホテルの分布状態である。創業 100 年以上の老舗旅館・ホテルは伊香保の原点である図の左中央の石段地区(A)に多い。しかし、ホテル木暮や塚越屋七兵衛などの老舗旅館・ホテルであっても規模拡大に伴い、狭小な地形にある石段地区から拡大地域(B)に大正期から徐々に移転・拡散している。他方で、高度経済成長期以降の宿泊客増大に対応して、伊香保新開発地(C)が 1961 年に造成・分譲され、旅館・ホテルへの新規参入や事業拡大の道を開いた(**写真 3-3**)。この際にも、「昭和 36 年 8 月 1 日現在で伊香保町に 1 年以上居住する町民」であり、「都市計画事業のための被害を受けるもの、および中小旅館で現在の立地条件が著しく悪い条件のものを優先」することで、外部資本の進出を避けている[3]。

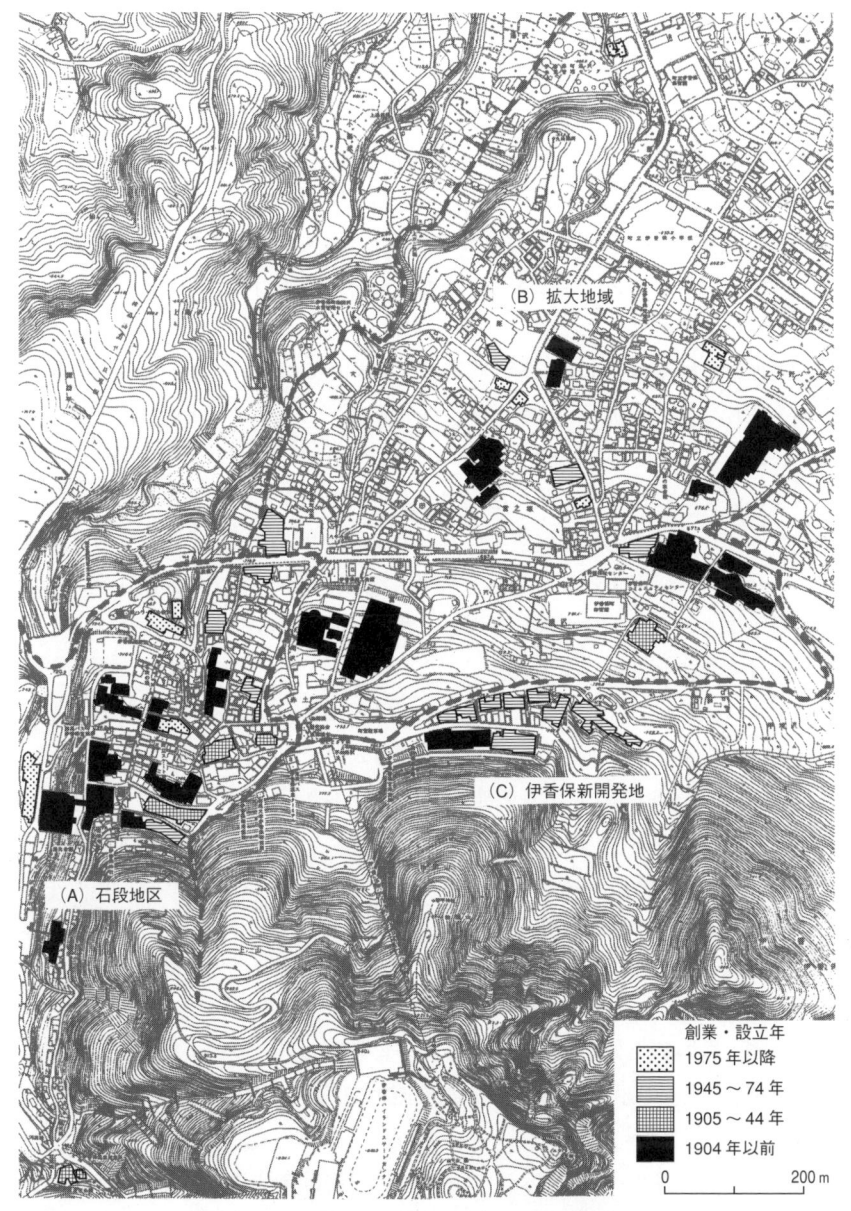

第3章　ホテル・旅館経営者からみた伊香保温泉の実態と再生のあり方　　53

(A) 石段地区
(B) 拡大地域
(C) 伊香保新開発地

創業・設立年
- 1975年以降
- 1945〜74年
- 1905〜44年
- 1904年以前

0　　　200 m

**図 3-1　伊香保温泉旅館・ホテルの創業年別分布状態**
(2005年アンケートおよび役場資料より戸所　隆作成)

## (2) 影響力の強い大規模な老舗旅館・ホテル

　常雇用者数は今日の雇用情勢を反映して削減方向にあり、パートタイマーなど臨時雇用者が増加する傾向にある。聴き取り・アンケート結果によれば、常雇用者数10人以下の小規模ホテル・旅館が34％、11〜30人の中規模が22％、31〜50人の大規模が20％で、51人以上の常雇用者を持つ超大規模旅館・ホテルが20％と規模的にバランスのとれた構成となっている。なお、最も大きなホテルの常雇用者数は200人である。また、最小の常雇用者数は0人で、家族で対応している。

　温泉地におけるホテル・旅館の客室は、基本的に和室が中心となる。10室以下の小規模ホテル・旅館は24％で、11〜30室の中規模が34％と最も多い。また、31〜50室の大規模ホテル・旅館が26％、51室以上の超大規模が16％となっている。この比率は、概ね常雇用者の規模別構成と相関関係にある。洋室は国際観光ホテル連盟参加資格を得るために最低2室の洋室を設けたり、添乗員や乗務員用に使用するなど消極的な理由で設けるホテル・旅館が圧倒的に多く、洋室中心のホテルは少ない。なお、和洋室の多くは、大規模なホテル・旅館における高級な部屋である。

　ホテル・旅館における収容人員には一般客と団体客で公表数字が異なるが、ここでは少なくカウントされる一般客の収容人員でみてみる(**図3-2**)。収容人員50人以下の小規模なホテル・旅館は全体の24％で、51〜100人の中規模が20％、101〜200人の大規模が26％となる。また、201人以上の超大規模なホテル・旅館は28％(14社)である。このように規模階級別に総収容人員とホテル・旅館数、客室数や常雇用者数はバランスの良い構成となっている。しかし、個別ホテル・旅館の収容人員格差は大きく、最大のホテルは983人収容になり、ホテル・旅館数で28％の超大規模14社が伊香保温泉街総収容人員に占める収容人数の約半分になる。そのため、これらの超大規模ホテル旅館の経営政策と顧客の行動様式等が伊香保温泉街全体に与える影響は非常に大きい(**写真3-4**)。

　超大規模なホテル・旅館は、石段地区の上段部分をはじめ、温泉街全域に広がっている。収容人員の規模(**図3-2**)と創業年(**図3-1**)を対応させると、創業年の古い老舗旅館・ホテルに規模の大きなものが多いことが知られる。地元資

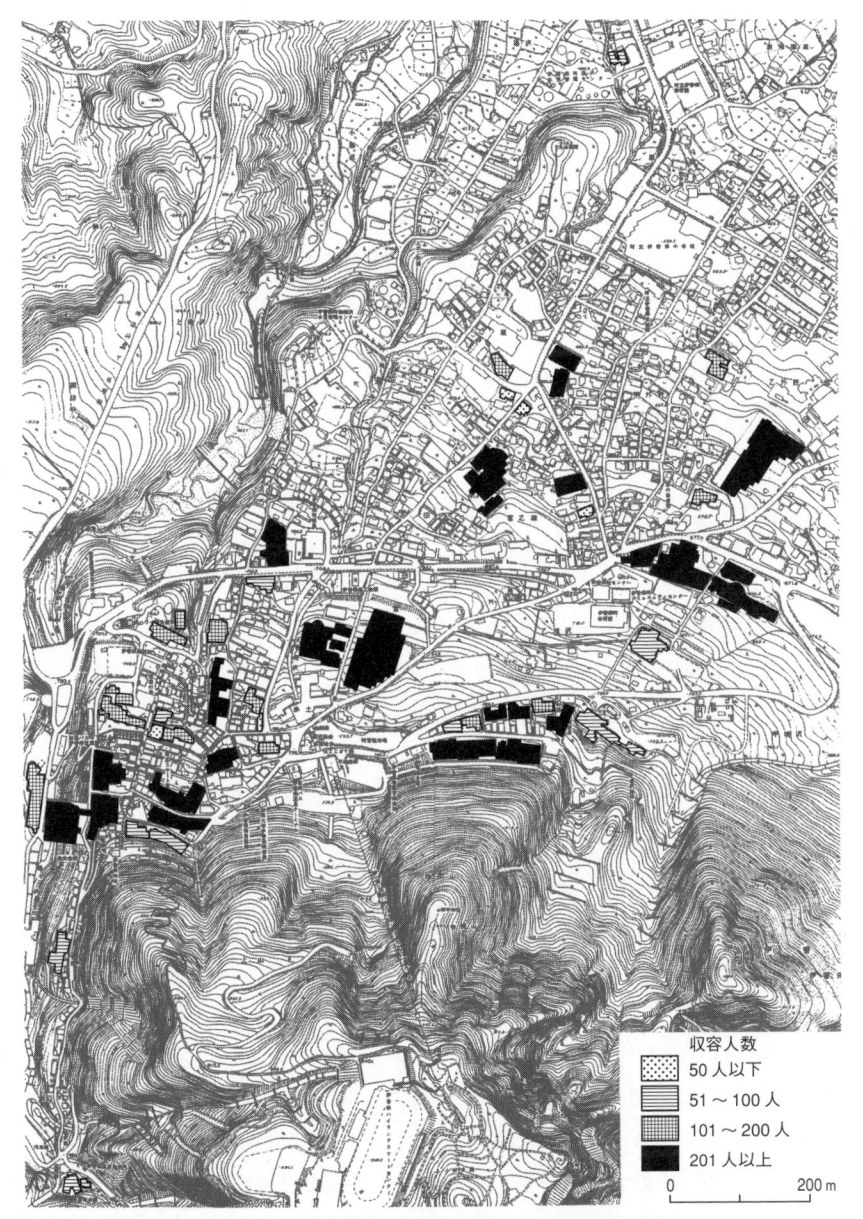

第3章　ホテル・旅館経営者からみた伊香保温泉の実態と再生のあり方　　55

図 3-2　伊香保温泉ホテル・旅館の一般客収容人員
（2005年アンケートおよび役場資料より戸所　隆作成）

写真 3-4　様々な規模のホテル・旅館からなる伊香保温泉　　写真 3-5　石段街を離れた大型老舗ホテル

本を中心に長い歴史を持つ伊香保温泉の特徴がここにも現れている。また、有力な老舗旅館・ホテルが大規模化して分散立地(**写真 3-5**)してきたことが、個々の旅館・ホテルにおける「建物の街化」を一層顕著なものとし、シンボルゾーンである石段街の衰退を招いた一因になったといえよう。

### (3) 館内施設の充実で街化したホテル・旅館と多様な宿泊料金

　かつての温泉地では宿泊施設と土産物店や飲食・歓楽施設等が独立した建物で立地し、それらが街路に連続的に並ぶ温泉街を造っていた。しかし、特に高度経済成長期以降、高層化・大型化が進み、ホテル・旅館内への娯楽・物品販売機能の設置が増加し、個々のホテル・旅館による「建物の街化」が図られた。こうした「生産者の論理に基づく分断型まちづくり」は前述のように、慰安旅行型団体客には対応しやすく、急速に普及し、活況を呈した。その結果、温泉街の人通りが減少し、資本力のない中小零細土産物店や飲食・歓楽施設の老朽化などで温泉街が衰退している。伊香保においても平均して 3.28 種類の施設がホテル・旅館内に設置されており、伊香保温泉のシンボル・石段街にかつての賑わいはない(**表 3-1**)。

　館内施設として最も多いのが土産物店で、60％のホテル・旅館がもつ。また、喫茶、バー・スナック、会議場、露天風呂は半数のホテル・旅館にある。また、居酒屋等の飲食店やカラオケルーム、各種遊技場の設置も多い。収容人員の半数を占める超大型ホテル・旅館ほど館内設備も充実しており、石段街への人の流れに大きな影響を与えていると考えられる。

各ホテル・旅館における一人あたり宿泊費(1部屋2人利用、税・サービス料金込、1泊2食付)の中心価格は、8千円〜1.2万円とするホテル・旅館が最も多く、42％を占める。また、1.2万円〜1.5万円とするホテル・旅館が32％を占め、以上の価格帯で全体の74％となる。他方で、2万円以上の高級路線が3ホテル・旅館(6％)、8千円未満の低価格路線も5ホテル・旅館(10％)と一定数有り、価格面で特色を出す傾向が見られる。

また、3万円以上の特別室が未利用な場合、それを3万円以下の客に提供するか否かについて「ない」と明確な方針をもつところは30％で、他は柔軟に対応しているようである。なお、低価格路線やビジネス客中心のホテル・旅館以外は、概ね季節料金を設定している。

表3-1　ホテル・旅館内の施設

| 回答項目 | | 回答数 | 割合 |
| --- | --- | --- | --- |
| 1 | 土産物店 | 34社 | 60％ |
| 2 | 喫茶 | 30 | 53 |
| 3 | バー・スナック | 28 | 49 |
| 4 | 居酒屋 | 14 | 25 |
| 5 | その他の飲食店 | 11 | 19 |
| 6 | カラオケルーム | 16 | 28 |
| 7 | 特設劇場 | 1 | 2 |
| 8 | 会議場 | 30 | 53 |
| 9 | 結婚式場 | 8 | 14 |
| 10 | 文化施設 | 1 | 2 |
| 11 | 露天風呂 | 28 | 49 |
| 12 | 遊技場 | 13 | 23 |
| 13 | その他 | 12 | 21 |
| | NA | 2 | 4 |
| 回答総数 | | 164 | 328 |
| ホテル・旅館数 | | 50 | 100 |

(戸所研究室「伊香保・旅館アンケート」2004年より作成)

## 2. ホテル・旅館経営者としての基本コンセプト

### (1) セールスポイントとしての温泉・料理・もてなし・自然景観

　知識情報社会は個性化の時代である。慰安旅行型団体客中心の工業化社会では、個性的なコンセプトでホテル・旅館経営をする必要はなかった。むしろ同じようなコンセプトの中で規模拡大を図ることが良い施設との印象を与え、多くの顧客を吸引できた。しかし、知識情報社会の今日、たとえ小規模であっても個性豊かな旅館は高く評価される。また、都市景観や都市施設には統一性が求められるものの、各旅館のセールスポイントには特色を求め、それらを相互にネットワークした多様性のある温泉街への再構築が求められている。

　多量の引湯権を持つホテル・旅館は、温泉を売り物にすればよい。引湯権の弱いホテル・旅館であっても、料理やもてなしで顧客の支持を得ればよい。現

表 3-2　最大のセールスポイント

| 回答項目 | 回答数 | 割合 |
|---|---|---|
| 1　温泉(風呂) | 20社 | 40 % |
| 2　料理 | 12 | 24 |
| 3　施設(部屋) | 1 | 2 |
| 4　おもてなし | 13 | 26 |
| 5　眺望 | 9 | 18 |
| 6　庭園 | 0 | 0 |
| 7　イベント | 0 | 0 |
| 8　その他 | 2 | 4 |
| NA | 1 | 2 |
| 回答総数 | 58 | 116 |
| ホテル・旅館数 | 50 | 100 |

(戸所研究室「旅館アンケート」2004年より作成)

にそれで評価の高いホテル旅館がある。要は何を最大のセールスポイントに売り込み、情報公開に努め、顧客の支持を取り付けられるか否かである。そこで、ホテル・旅館として最大のセールスポイントは何かを尋ね、回答を得た(表3-2)。なお、「最大のセールスポイント」の趣旨から求めた回答は各ホテル・旅館一つであるが、複数回答が8つのホテル・旅館であった。

温泉(風呂)を最大のセールスポイントとするホテル・旅館が最も多く、全体の40％を占める。近年の温泉ブームを反映し、露天風呂や展望個室風呂などをセールスポイントとしている。しかし、40％という数字は予想に反して少なかった。聴き取り調査でハッキリしたことであるが、湯量や風呂への投資で競争できなくとも、料理やもてなしで特色を出すべく努力しているホテル・旅館が50％もある。特に小規模な旅館におもてなしを重視するところが多い。他方で、雄大な眺望を売りにして特色ある施設にしていこうとの意気込みを感じる施設が9施設(18％)を数える。

施設(部屋)を最大のセールスポイントとするホテル・旅館が少ないのは意外であった。一般家庭の建物が貧弱であった時代には、非日常性を客室に求める顧客が多かった。しかし、今日ではホテル・旅館よりも新しく快適な部屋を持つ住宅が増加している。旅先で顧客の求めるものは、かかる物質的なものよりも、日常生活と異なる温泉そのものや地域性豊かな料理、おもてなし、そして自然景観やその地域独自の街並みなどである。その意味ではたとえ古くて快適性に欠けても、歴史的に由緒ある部屋へのこだわりはある。それを売りにしている旅館が1施設存在する。

(2) 希望する客層と現実の客層とのギャップ

希望する客層は、ホテル・旅館の規模には関係なく、ホテル・旅館によって

個人客、小グループ、団体客に三極分化する傾向にある。それぞれの特色を出すためであろうが、個人客を希望するところは個性派のホテル・旅館に多い。他方で、団体客を希望するところは規模の割に従業員の少ないホテル・旅館やバブル期に規模拡大したところが多い。

　現実の客層では、団体客が依然として優勢である。また、小グループも希望よりも多くなっている。他方で、個人客は希望に反して全体としてはまだ少ない。しかし、個性派のホテル・旅館では、希望と現実が一致して個人客中心のところが多くなっている。また、施設その他で劣るために宿泊費が廉価なホテル・旅館に、個人客が多くなる傾向もある。そうしたホテル・旅館は、大量の団体客を受け入れることで採算を取りたいにもかかわらず、消費を控える新しいタイプの個人客が多いという矛盾に陥っている。

　年齢面からホテル・旅館の希望する客層では、高齢者が最も多い。次いで若年層を客として迎えたいホテル・旅館が多く、大きく高齢派と若年派のホテル・旅館に二分される。また、両派とも二次的には中年層を希望している。しかし、現実の客層としては高齢層と若年層が希望に比べやや少なく、中年層が希望以上に多い。

　時間と金にゆとりのある高齢者の増加を求めるなら、それらの人々が何を求めているかを明確に把握し、それに向かっての経営改善と広報活動が不可欠となる。それには地域全体のバリアフリー化を図り、歩いて楽しめる街並み・環境づくりをする必要がある。

　高齢者の宿泊を望むホテル・旅館が多いだけに、保養滞在客を希望するところが半数以上となり、現実にも保養滞在客が多くなってきている。しかし、保養客といっても、求めているのはかつての湯治客や欧米諸国の旅行形態のような長期滞在でなく、連泊程度の短期保養客である。そうした宿泊客の連泊を期待するホテル・旅館が64％になる。

　他方で、宴会客が客層の70％以上を占めるホテル・旅館が32％あるが、宴会客を強く希望するところはその半数に過ぎず、一般観光客を求めるところが多い。一般観光客を増やしたいとするホテル・旅館が多くなっている。

　ところで、高齢者が魅力を感じつつ楽しめる保養滞在型温泉地とするには、館内はもちろん、街全体を安全で歩きやすくする必要がある。また、特徴ある

街並みを形成し、買い物・交流・文化的ふれあい機能を充実しなければならない。伊香保温泉から30分圏域の群馬県央部に前橋・高崎・伊勢崎など100万強の都市人口集積があることを考えれば、それらの奥座敷としての会議・宴会需要をこれからも重視する必要がある。ただし、宴会のあり方を変える必要がある。そのためには、車社会の現状を飲酒しても移動しやすい公共交通中心の社会に変えることが、伊香保温泉街の新たな展開には欠かせない。

広域周遊客には団体型と個人型がある。この客層には旅行会社の企画する団体旅行が主流であったが、次第に個人旅行が増える傾向にある。若年層の個人広域周遊では自家用車利用が多くなろうが、高齢者は公共交通でゆっくり回ることを求める。それに応える草津・四万・水上の県内4大温泉との連携やJR渋川駅・高崎駅・安中榛名駅との連絡改善など交通環境整備が不可欠となる。

### (3) 課題の多い外国人対応と交通環境整備

ロビーはホテル・旅館の顔ともいえる場所である。ロビーを客の交流場所として利用しているところが最も多く、68％である。次いで、待ち合わせ・土産物販売の空間が24％で、事務的空間として利用するところ(12％)は、規模の小さな旅館に多い。

外国人客に対して、十分対応できるホテル・旅館は3軒に過ぎない。また、8軒のホテル・旅館は英語圏の顧客には十分に対応できるという。しかし、過半数のホテル・旅館は、何とか対応している状況にある(表3-3)。多くのホテル・旅館にはこれまでのところ、外国人が個人的に宿泊することは少なく、多くの外国人客には友人や通訳などの案内者が付いているケースが多く、ホテル・旅館としては何とか対応できているという。外国人観光客も団体客から個人客への変化が進んでいる。温泉街全体としての国際化への対応は、今後の大きな課題であり、特に増加の予測されるアジア各国からの観光客に対する対応を急ぐ必要がある。

伊香保のような狭小な傾斜地に形成された温泉街では、自家用車客への対応など交通関係の課題がある。現実に多くのホテル・旅館が駐車場確保に苦慮している。それでも68％のホテル・旅館が隣接地に駐車場を確保し、顧客の便宜を図っているという(表3-4)。ホテル・旅館隣接地の駐車場で対応できない場

第3章　ホテル・旅館経営者からみた伊香保温泉の実態と再生のあり方　　61

表3-3　ホテル・旅館の外国人に対する対応

| 回答項目 | 回答数 | 割合 |
|---|---|---|
| 1　十分可能 | 3社 | 6% |
| 2　英語圏のみ可能 | 8 | 16 |
| 3　何とか対応する | 29 | 58 |
| 4　不可能 | 10 | 20 |
| NA | 0 | 0 |
| ホテル・旅館数 | 50 | 100 |

（戸所研究室「旅館アンケート」2004年より作成）

表3-4　ホテル・旅館のマイカー客への対応

| 回答項目 | 回答数 | 割合 |
|---|---|---|
| 1　駐車場が隣接 | 34社 | 68% |
| 2　玄関でキーを預かる | 18 | 36 |
| 3　地図で駐車場を案内 | 11 | 22 |
| 4　駐車場・ホテル間を送迎 | 13 | 26 |
| 5　その他 | 0 | 0 |
| 回答総数 | 76 | 152 |
| ホテル・旅館数 | 50 | 100 |

（戸所研究室「旅館アンケート」2004年より作成）

合、玄関でキーを預かり従業員が特約駐車場に移動(36%)させたり、地図で駐車場案内(22%)をしている。また、駐車場が離れているため、ホテル・旅館と駐車場との間に送迎車を運行するところが26%もある。この様に、約半数のホテル・旅館は、2種類以上の方法で駐車対策をしている。

しかし、近年、ホテル・旅館から離れた駐車場での盗難や車体へのイタズラが発生するため、可能な限り隣接の駐車場を利用するというが、温泉街への自家用車の乗り入れは空間的に限界にきている。郊外に駐車場管理のしやすいホテル・旅館共同の駐車場を建設し、共同でバスを運行し、温泉街は共同運行バス以外は歩く街にする時期にきている。伊香保温泉街に適したパーク・アンド・ライド方式の導入が選択肢の一つと考えられる（第4章参照）。

## 3. 宿泊温泉施設・料理飲食への配慮

### (1) 重みを増す館内案内表示と照明デザイン

ホテル・旅館の規模拡大が進み、建物の街化現象が生じてくると、館内といえども案内表示の良否が滞在環境や安全性に大きく影響してくる。そのため、温泉街全体のサイン計画が必要なのと同様、館内案内表示への特段の工夫が求められる。しかし、館内案内表示への特段の工夫をしていると自負するホテル・旅館は3分の1と少ない。特段の工夫をしていないところが56%と過半数を占め、未回答も12%ある。

館内滞在環境や施設の雰囲気を大きく左右するものに、照明がある。日本で

は蛍光灯の開発以降、あらゆる空間で白色ないしは昼光色の蛍光灯が使用されてきた。しかも、部屋の中央天井に設置されたメイン照明主体の生活様式となっていた。しかし、近年、国際化の進展と経済的豊かさを反映し、一般家庭においても照明器具も照明方法も多様化してきている。すなわち、一般に事務所などビジネス空間では白色ないしは昼光色の蛍光灯が使用されるものの、応接室や居間、寝室などでは落ち着ける雰囲気を求めて、電球色の蛍光灯による照明のデザイン化が進んできた。そのため、顧客もこれまでのように単に明るければ良いとの意識から変化しつつある。

かかる状況に対してホテル・旅館でも、電球主体が18％、電球色蛍光灯主体が24％と42％が電球色となっている。しかし、白色蛍光管主体が32％、昼光色蛍光管主体が24％と半分以上が従来のままの蛍光灯中心の照明である。また、間接照明で雰囲気を高めているところが32％に対し、直接照明が66％と倍になっている。経済性やエネルギー効率などを考慮すれば、従来型の蛍光灯や直接照明が優れているが、他方で非日常空間の演出の点からは電球色や間接照明が好まれる。照明の面からも多様性が求められる時代になってきたといえよう。

### (2) 高齢化・国際化対応の施設改善政策

宿泊施設のメンテナンスには、ホテル・旅館によって大きな格差がある。常時、施設のメンテナンスに配慮しているホテル・旅館は30％で、中には畳替えを半年ごとに行うなど施設の維持管理にかなりの経費をかけているところもある。一方で、過半数は日常的なメンテナンスにまで、財政的にも精神的・時間的にも余裕がないという。こうしたホテル・旅館には、法定メンテナンス等は確実にこなしているものの、それ以外は5年間は何もしないというところもある。

他方で、概ね何年ごとに増改築を行っているのか、また最近10年間にどの様な増改築を行ったかを尋ねたところ、増改築は比較的短期間で行っている。すなわち、ほぼ5年ごとに増改築をするホテル・旅館が20％、6～10年ごとが28％で、約半数のホテル・旅館が10年までごとに増改築を行うという。また、11～15年ごとに増改築を実施するホテル・旅館が22％あり、全体の70％が遅くとも15年に一回は大改修をしていることになる。中でも浴場の増改築が

表 3-5 何年ごとの増築・改修か

| 回答項目 | 回答数 | 割合 |
| --- | --- | --- |
| 1　5年以内 | 10社 | 20％ |
| 2　6～10年 | 14 | 28 |
| 3　11～15年 | 11 | 22 |
| 4　16～20年 | 3 | 6 |
| 5　21年以上 | 3 | 6 |
| NA | 9 | 18 |
| ホテル・旅館数 | 50 | 100 |

(戸所研究室「旅館アンケート」2004年より作成)

表 3-6 入浴施設の魅力・特徴

| 回答項目 | 回答数 | 割合 |
| --- | --- | --- |
| 1　雰囲気 | 35社 | 70％ |
| 2　サウナ等付帯施設 | 18 | 36 |
| 3　広さ | 5 | 10 |
| 4　清掃頻度 | 14 | 28 |
| 5　その他 | 13 | 26 |
| NA | 2 | 4 |
| 回答総数 | 87 | 174 |
| ホテル・旅館数 | 50 | 100 |

(戸所研究室「旅館アンケート」2004年より作成)

多い(表3-5)。

　ところで、国際化が進む中でCNNなど外国語放送を受信できる衛星放送受信設備は、全室可能は4社(8％)で、一部可能が8社(16％)、導入予定6社(12％)である。電波の着信状況が悪いために導入できないとの意見もあるが、共同アンテナの設置するなどで観光立国を先導する地域へと発展する必要がある。また、バリアフリーへの取組みは高齢者・保養客を目指すホテル・旅館を中心に勧められ、全館完了1社・一部完了19社である。なお、施設が傾斜地に位置することや由緒ある建物を改造することの難しさから、苦慮しているホテル・旅館もある。

　禁煙客室を持つホテル・旅館は3社だけである。和室の場合、一部屋あたりの利用人数が多く、禁煙客室の設定は客室運用上難しいとの意見が多い。しかし、非喫煙者が多くなっているため、導入予定が5社あり、和室といえ今後要望が強まるものと考えられている。

### (3) 魅力・特色を競う入浴施設

　温泉地におけるホテル・旅館にとって、入浴施設は最も重視する施設の一つである。そのため、各ホテル・旅館ごとに特色ある入浴施設を設置し、いかに魅力を高めるかを競っている。そこで各ホテル・旅館が入浴施設の魅力を高めるためにどの様な努力・工夫をしているかを尋ねた結果が**表3-6**である。

　その結果は、温泉に入っているという雰囲気づくりへの気遣いが70％と最も

表 3-7 露天風呂の有無

| 回答項目 | 回答数 | 割合 |
| --- | --- | --- |
| 1 共同浴場(大浴場) | 18社 | 36％ |
| 2 個室浴場 | 2 | 4 |
| 3 共同・個室浴場併設 | 11 | 22 |
| 4 なし | 17 | 34 |
| NA | 2 | 4 |
| ホテル・旅館数 | 50 | 100 |

(戸所研究室「旅館アンケート」2004年より作成)

多い。中でも、近年の露天風呂ブームに対応して、3分の2のホテル・旅館が何らかの形で露天風呂を設置している(表3-7)。すなわち、大露天風呂を持つものが36％、大露天風呂と個室露天風呂をもつホテル・旅館が22％となる。雰囲気づくりの他では、清掃頻度を高め、清潔感を出すことに努めている。また、一つの大浴場の中にサウナなど多様な入浴施設を設置し、入浴の楽しさを増す試みが多い。

　群馬県では全自治体に日帰り温泉施設が設置されている。そうした環境下の伝統ある老舗温泉街には、如何に優位性を保つかが問われる。そのため、伊香保温泉ではホテル・旅館が連携して相互に浴場を利用し合う外湯巡りを行うようになった。また、かつては宿泊客以外の利用は禁じていたホテル・旅館の浴場を日帰り利用できるようにした。そうした外湯巡り・日帰り温泉利用のできるホテル・旅館は、全体の76％に達する。

　全県的に見られる自治体が中心になって開発した日帰り温泉の多くは、農地や日常生活空間に隣接するなど、非日常性や温泉地の雰囲気に乏しい。それに対し伊香保の場合、温泉街の街並みがある。換言すれば、温泉街の活性化が広域から日帰り利用者を吸引し、ひいては宿泊客に結びつくことになる。また、日帰り利用客の増加は、昼間の温泉街に賑わいをつくる。外湯巡り・日帰り温泉利用の意義は大きい。

　常時湧出する温泉であるが故に、清掃やメンテナンス時を除けば、入浴時間に制限を設ける必要がない。小規模旅館やビジネス客中心のホテル以外は、24時間入浴可能で全体の78％になる。

　温泉の効能を正しく活用すべく、専門的な入浴指導が行われるホテル・旅館もある。入浴プログラムをもつホテル・旅館は5社ある。また、常駐する専門指導員による入浴指導は2社で行われ、従業員による入浴指導は8社で行われている。すなわち何らかの形で入浴指導を行うホテル・旅館は15社(30％)になる。入浴指導はホテル・旅館の特色を出すのに効果的とのことで、積極的な経

営者が増加傾向にある。なお、入浴指導とは別に、ホテル・旅館側が経済的メリットを得やすいセラピー（エステティック等）を導入する施設は、既に 19 社（38%）になる。

### (4) 多様化する食事形態とメニュー

表 3-8　食事メニューの選択可能性

| 回答項目 | 回答数 | 割合 |
|---|---|---|
| 1　価格帯によって固定 | 26 社 | 52% |
| 2　客の選択可能 | 8 | 6 |
| 3　年齢・体質への配慮 | 7 | 14 |
| 4　事情により変更可能 | 24 | 48 |
| 5　その他 | 2 | 4 |
| 回答総数 | 67 | 134 |
| ホテル・旅館数 | 50 | 100 |

（戸所研究室「旅館アンケート」2004 年より作成）

食事形態は概ね 3 タイプに分けられる。第一のタイプは「夕食は部屋食・朝食は大部屋」を基本とするもので、このタイプのホテル・旅館が 40% と最も多い。次いで「朝夕とも部屋食」タイプが多く、全体の 32% を占める。このタイプのほとんどが宿泊単価の高い高級ホテル・旅館である。第三のタイプは「朝夕とも大部屋で食事」であり、全体の 26% を占める。大部屋であっても従来型の温泉旅館では、宿泊グループごとに場所を予め設定し、仲居の給仕がついた。しかし近年、温泉情緒を楽しみながらも、安価で気遣いなく過ごせるタイプを望む人々が増えてきた。そのため、倒産ホテルの再生策として朝夕とも大規模レストランでのバイキング方式に切り替え、コスト削減・宿泊費の低廉化を実現した大型ホテルも複数ある。この様に、食事形態はホテル・旅館のグレードにほぼ対応するが、顧客ニーズの変化に合わせ、この分野でも多様化が始まっている。

食事メニューは、価格帯で固定するところが 52% と最も多い。しかし、客がメニューを選択できたり、年齢・体質に配慮するホテル・旅館が 30% ある。また、宿泊客の事情によってメニューの変更を行っているホテル・旅館も 24 社（48%）を数える。その中には価格帯によって固定しているところもあり、柔軟な運用が図られている（表 3-8）。なお、以上の通常対応の食事メニューとは別に、特別メニューをもつホテル・旅館が 3 分の 2 強存在する。

### (5) 顧客ニーズ・地産地消型料理・器を重視する経営者

既述のように、最大のセールスポイントとして料理をあげたホテル・旅館が、12 社（24%）ある（表 3-2）。かかるホテル・旅館は勿論のこと、68% のホ

テル・旅館が季節に合わせて多様な食器を使用している。また、それを当然と意識する経営者が多く、料理を重視していることが知られる。

近年、地域経済の活性化と顔の見える食材の使用の両面から、地産地消が求められるようになってきた。そのため、伊香保温泉のホテル・旅館も62％が群馬の味を出すべく、地場食材を意図して使用している。地場食材を意図して使用するホテル・旅館は、規模の大きなところに多い。顧客ニーズに応じやすい小規模旅館故に、小さなところが顧客の要望に応えるべく多種多彩な料理づくりに努力するほど、地場食材では対応しきれない現象も生じる。また、小規模旅館では個々の食材の使用量が少ないため、取引も難しい面がある。農家その他との連携を強め、地場食材を使いやすい流通経路開発を組合等で組織的に行うことも今後の課題となろう。

各ホテル・旅館の味が出せる料理に対して、酒類は銘柄が特定できる。多くのホテル・旅館が、ビールに関しては客の要望がない限り、特定銘柄を使用する。しかし、客が銘柄指定をした場合、84％のホテル・旅館がそれに対応できる体制を取っている。その際、小規模旅館では在庫を置かず、近くの酒屋で調達するところもある。顧客ニーズにきめ細かく対応するには、そうした業者間連携がますます重要になりつつある。

地酒・日本酒を5銘柄以上を常備しているホテル・旅館は32％ある。しかし、3分の2以上のホテル・旅館の常備銘柄は5銘柄以下となっている。一般に、大規模なホテル・旅館ほど品揃えが良い傾向にある。小規模旅館にあっては多銘柄を常備する余裕はないが、客の要望には近隣の酒屋から直ぐに調達・対応している。

ビールや日本酒の流通で見る旅館と酒屋との地域内相互補完システムの存在が、伊香保の強さと良さであり、小規模旅館の立地可能要因になっている。こうした伊香保の基幹産業であるホテル・旅館と地域内生産・流通業者との連携システムが多くの面でうまく構築できれば、伊香保町全体を総合的に活性化できる。そうした素地が此所にあるといえよう。

## 4. 経営者としての温泉街・まちづくりへの対応

次に、第2章で述べた伊香保温泉街のまちづくりに関する居住者対象の訪問面接調査と比較しつつ、まちづくりに対するホテル・旅館経営者の意識を検討してみたい。

### (1) 目指す茶・緑・灰を基調色とする古き良き日本・歴史性を感じるまち

ホテル・旅館経営者と市民の両者が、「古き良き日本を感じる街」を筆頭に、「歴史の厚さを感じる街」や「大正ロマンを感じる街」を伊香保温泉の目指すべきイメージとしている。他方で、超現代的な街をイメージする人は、両者とも数％に過ぎない(表3-9)。このことから伊香保の人々が、今後とも日本を代表する伝統的な温泉街として、延喜式内社伊香保神社とその石段を中心にした持続的な街の発展を望んでいることが理解できる。

以上の人々のもつ伊香保イメージは、自由記述によるカラー・イメージ調査にも現れている。すなわち、ホテル・旅館経営者・市民共に伊香保に合う色として、茶色・緑色・灰色を答える人が多く、それ以外の色は少数分散である(表3-10)。そのイメージは、森に囲まれた自然豊かな緑化空間に伝統的な木造(茶)で燻銀(灰)の瓦葺き建物が並ぶ温泉街といえよう。そのため、たとえ鉄筋コンクリート構造の高層ビルであっても、人々が良いとする建物の基本イメー

表3-9 温泉街の目指すべきイメージ

| 回答項目 | ホテル・旅館調査 | | 市民調査 | |
|---|---|---|---|---|
| 1 超現代的な街 | 1軒 | 2.0% | 3人 | 2.8% |
| 2 大正ロマンを感じる街 | 12 | 24.0 | 34 | 31.8 |
| 3 古き良き日本を感じる街 | 21 | 42.0 | 41 | 38.3 |
| 4 歴史の厚さを感じる街 | 15 | 30.0 | 17 | 15.9 |
| 5 その他 | 4 | 8.0 | 10 | 9.3 |
| NA | 1 | 2.0 | 2 | 1.9 |
| 回答総数 | 54 | 108.0 | 107 | 100.0 |
| 回答者数 | 50 | 100.0 | 107 | 100.0 |

(戸所研究室「市民アンケート2003年」「旅館アンケート2004年」より作成)

表 3-10 温泉街の色のイメージ

| 回答項目 | ホテル・旅館調査 | | 市民調査 | |
|---|---|---|---|---|
| 1 茶色 | 10軒 | 20.0% | 22人 | 20.6% |
| 2 灰色 | 6 | 12.0 | 15 | 14.0 |
| 3 緑色 | 11 | 22.0 | 17 | 15.9 |
| 4 黄色 | 4 | 8.0 | 4 | 3.7 |
| 5 その他 | 17 | 34.0 | 22 | 20.6 |
| NA | 7 | 14.0 | 27 | 25.2 |
| 回答総数 | 55 | 110.0 | 107 | 100.0 |
| 回答者数 | 50 | 100.0 | 107 | 100.0 |

(戸所研究室「市民アンケート2003年」「旅館アンケート2004年」より作成)

ジは茶・灰・緑にある。

　街の景観は一つ一つの建物や施設、植生などから形成される。特に規模の大きなホテル・旅館の街並みや全体景観に与える影響には大きなものがある。そこで、建物を建設する際にホテル・旅館経営者が、温泉街のイメージ向上を目指した景観配慮や庭園・眺望の工夫を行ったかを尋ねた。その結果は、温泉街や周囲の景観に「配慮した」ホテル・旅館が44%で、「配慮していない」ところが20%、「不明」が36%である。景観等への配慮は結果として相当な労力と知恵を必要とし、場合によっては経費負担も大きくなる。従って、配慮したところは記憶に残り、常識的には「不明」とはならないため、まだ過半数のホテル・旅館が景観的配慮に欠けていると判断せざるを得ない。

　ところで、配慮した割には景観に統一性のない状況が見られる。その要因は、景観形成に関する統一基準がないためである。すなわち、建築主それぞれの感性で対応するため、配慮した建物外観色が橙色と灰色とかなり違う色になる。これからの温泉街は、景観が大きな売りとなる。九州の黒川温泉の評価を高めたのも、景観形成である。伊香保町民が納得する景観形成のためのガイドラインを議論し、統一的な景観形成制度によってまちづくりを推進する必要がある。

　なお、庭園や眺望(写真 3-6)に配慮して建物を建てたホテル・旅館とそうした配慮をしないところは共に48%で二分される。庭園や眺望への配慮には経営姿勢や経営状況が大きく影響しており、施設間に大きな差異がある。また、眺

望への配慮をしたくとも、立地場所によっては眺望がきかないところもある。その場合でも、造園技術を活かした庭園によって快適性を高めることができる。また、京都の坪庭的発想をすれば、経済的負担を押さえて、良質な環境創造が可能となる。

街を歩いても、建物内部にいても非日常的な快適性を感じる景観形成と伊香保のイメージづくりがこれからの課題である。

写真3-6 赤城山の眺望を売りにする老舗ホテルからの景観

## （2）石段街や湯元など古き良き時代の温泉情緒を活かした伊香保の将来像

伊香保温泉の目指すべきイメージとしての「古き良き日本を感じる街」「歴史の厚さを感じる街」「大正ロマンを感じる街」を具現化するには、どの様な将来

表3-11 伊香保町の理想像・将来像(3つまで)

| 選択肢 | 市民調査 | | ホテル・旅館調査 | |
|---|---|---|---|---|
| 1 商店街や大型店の整備された温泉観光都市 | 14人 | 13.1% | 1社 | 2% |
| 2 近郊レジャー施設と連携した長期滞在型温泉地 | 9 | 8.4 | 8 | 16 |
| 3 自然環境を保全し自然と人間が共生できるまち | 43 | 40.2 | 27 | 54 |
| 4 他の温泉地と連携した一泊滞在型温泉地 | 6 | 5.6 | 2 | 4 |
| 5 石段街や湯元など古き良き時代の温泉情緒豊かな街 | 70 | 65.4 | 44 | 88 |
| 6 高崎・前橋の奥座敷的な温泉街 | 12 | 11.2 | 6 | 12 |
| 7 地域活動が盛んでコミュニティの保たれたまち | 10 | 9.3 | 6 | 12 |
| 8 医療・福祉施策が充実し安心して暮らせるまち | 29 | 27.1 | 5 | 10 |
| 9 学校教育や生涯教育など教育環境が充実したまち | 8 | 7.5 | 0 | 0 |
| 10 住民の意見・要望が町政に反映されるまち | 17 | 15.9 | 5 | 10 |
| 11 全国から来客のある広域温泉観光都市 | 39 | 36.4 | 22 | 44 |
| 12 関東甲信越を主に来客のある温泉観光都市 | 7 | 6.5 | 11 | 22 |
| 13 その他 | 6 | 5.6 | 1 | 2 |
| 回答総数 | 270 | 252.3 | 138 | 276 |
| 回答者・社数 | 107 | 100.0 | 50 | 100.0 |

(戸所研究室「市民アンケート2003年」「旅館アンケート2004年」より作成)

像が考えられるのであろうか。その結果は、「石段街や湯元など古き良き時代の温泉情緒豊かな街」を選択する人がホテル・旅館経営者の88％、市民の65％と最も多い。すなわち、前述のように、石段街と温泉をシンボルに伊香保の将来を考えている（**表3-11**）。

次いで多いのが「自然環境を保全し自然と人間が共生できるまち」で、ホテル・旅館経営者の54％、市民の40％が選択している。また、3番目には「全国から来客のある広域温泉観光都市」をホテル・旅館経営者の44％、市民の36％が選択する。このように、ホテル・旅館経営者と市民が3位まで同じ将来像を描いており、石段と温泉をシンボルに、榛名山麓特有の自然環境を活かしつつ全国的な温泉観光地を目指していることが判明した。

4位以下は、ホテル・旅館経営者と市民とで異なり、市民は生活の利便性や安心を求める。他方で、ホテル・旅館経営者は温泉街の発展を念じた将来像を描く。こうした中にあって、全国型温泉街と関東甲信越型のどちらを将来像として選択するかはホテル・旅館によって異なってきている。以上を勘案すると、個別対応の将来像で多様化を図りながら、「石段街や湯元など古き良き時代の温泉情緒豊かな街」の様な共通将来像を実現する方向性が見られるといえよう。

### （3）非日常的施設改善に重点を置く経営者

伊香保町の将来像を実現すべく町の活性化を図るには、ホテル・旅館経営者はいかなる改善策を行うべきかを尋ねた。その結果、景観に係わる「町並みや看板などの統一」を求める意見が40％で最も多かった。次いで「駐車場の整備」が34％、「回遊性の向上」が24％、「歩道の整備」が22％で、交通環境の整備に関する要望となっている。また、新しい特産品・イベントの開発が30％、ソフト面からの宿泊施設整備が28％、レジャー施設の整備が26％など、宿泊客へのサービス施設に関する整備の必要性を指摘する（**写真3-7**）。この様にホテル旅館経営者は、非日常的な施設整備・改善への関心が高く、日常生活関連施設整備・改善への関心は低い（**表3-12**）。

他方で、市民調査では日常生活に結びついた「医療・福祉施設の整備」が29％で最も高く、「公園・緑地の整備」の23％もホテル旅館の10％よりも高い。また、「道路を広げ歩道を整備する」や「駐車場の整備」「バス等公共交通機関を

表 3-12 伊香保町活性化についての改善策(3つまで)

| 選択肢 | 市民調査 | | ホテル・旅館調査 | |
| --- | --- | --- | --- | --- |
| 1 問題なく満足している | 0人 | 0.0 % | 0社 | 0.0 % |
| 2 バス等公共交通機関を便利にし回遊性向上 | 20 | 18.7 | 12 | 24.0 |
| 3 公園・緑地の整備 | 25 | 23.4 | 5 | 10.0 |
| 4 道路を広げ歩道を整備する | 23 | 21.5 | 11 | 22.0 |
| 5 文化・スポーツ施設の整備 | 4 | 3.7 | 2 | 4.0 |
| 6 学校や生涯学習の場など教育環境の整備 | 9 | 8.4 | 1 | 2.0 |
| 7 医療・福祉施設の整備 | 31 | 29.0 | 3 | 6.0 |
| 8 水害や土砂崩れなど自然災害への対策強化 | 5 | 4.7 | 2 | 4.0 |
| 9 観光産業以外の働く場を増やす | 17 | 15.9 | 4 | 8.0 |
| 10 温泉街と連携できるレジャー施設を整備 | 27 | 25.2 | 13 | 26.0 |
| 11 近所の人々が交流しやすい環境整備 | 9 | 8.4 | 2 | 4.0 |
| 12 日常的な買い物を便利にする | 19 | 17.8 | 2 | 4.0 |
| 13 サテライトオフィスなど新しい職場の確保 | 1 | 0.9 | 15 | 30.0 |
| 14 域外買物客を吸引する大型店・商店街の立地 | 6 | 5.6 | 1 | 2.0 |
| 15 新たな特産物の開発やイベントの整備 | 24 | 22.4 | 2 | 4.0 |
| 16 魅力ある宿泊施設の充実を図る | 17 | 15.9 | 14 | 28.0 |
| 17 町並みの色調や看板の統一 | 11 | 10.3 | 20 | 40.0 |
| 18 駐車場の整備 | 22 | 20.6 | 17 | 34.0 |
| 19 新市街地の形成 | 1 | 0.9 | 4 | 8.0 |
| 20 その他 | 7 | 6.5 | 6 | 12.0 |
| 回答総数 | 278 | 259.8 | 136 | 272.0 |
| 回答者数 | 107 | 100.0 | 50 | 100.0 |

(戸所研究室「市民アンケート2003年」「旅館アンケート2004年」より作成)

便利にし回遊性向上」等、交通環境に関することへの要望は両者を通じて多くなっている。

ただし、観光で生活する人が多い町だけに、「温泉街と連携できるレジャー施設」の整備は両者とも多く選択し、「新たな特産物の開発やイベントの整備」はホテル・旅館に比べ、市民の関心が高い。他方で、市民の「町並みの色調や看板の統一」への関心が低いことが目立つ。伊香保の将来像実現に向けた改革の中で、景観形成は大きな位置を占めるため、市民意識の向上が大きな課題になる。

個人客や連泊客・保養客はホテル・旅館に閉じこもることなく、街を歩く中で様々な交流を望む。そのため、これからは観光地は、住民にとっては日常的

写真 3-7　レジャー施設の一つ伊香保ロープウェー

であっても観光客にとっては非日常的な環境を持つ地域が魅力を増し、顧客吸引力を高めると考えられる。中でも歩きやすい街並みと美しい景観への要望が高い。各旅館・ホテルとも様々なサービスメニューをもつものの、まちづくりへの配慮に欠けるホテル・旅館が多く、市民も同様である。

著者の担当する高崎経済大学の学生120名に2005年1月、伊香保温泉がどの様な街であるなら行きたくなるかをアンケート形式で尋ねた。その結果も約90％の学生が、安心して歩くことのできる落ち着いた伝統的な街並みを求めている。また、豊かな自然の中で心身共に癒される雰囲気の街への憧れが強い。そこには若者であっても、近代的な建物や生活に疲れ、それとは異質な非日常空間としての伝統的温泉街を求める姿がある。

(4) 伊香保のシンボル・石段街の再生方策

かつての伝統的温泉街は、旅館や土産物店などに機能分化した個々の木造建築物が街道に沿って建ち並んでいた。そのため、宿泊客は旅館で宿泊・食事・入浴を楽しむと共に、温泉街に繰り出す楽しみがあった。しかし、今日ではホテル・旅館の高層立体化・大規模化によって、個々のホテル・旅館の館内設備が充実し、建物の街化が進み、宿泊客はホテル・旅館に囲い込まれた。その結果、宿泊客の温泉街へ出る機会が減少し、温泉街の繁華性が低下し、温泉街全体の衰退化が著しい。こうした傾向は全国的なもので、伊香保もその例外でない。

かかる状態を改善し、温泉街の活性化を図るには、館内の土産物店・飲食店・劇場等を石段街などに移し、歩いて楽しい温泉街にすることも一つの方法である。兵庫県の城崎温泉では、旅館は基本的に宿泊機能に特化し、買い物や外湯巡りで街を活性化させている。こうした考えを支持する市民は62％、ホテ

表 3-13　館内店舗・劇場等を中心街に移す是非

| 選択肢 | 市民調査 | | ホテル・旅館調査 | |
|---|---|---|---|---|
| 1 とても良い | 37人 | 34.6% | 14社 | 28.0% |
| 2 良い | 29 | 27.1 | 10 | 20.0 |
| 3 分からない | 17 | 15.9 | 12 | 24.0 |
| 4 悪い | 3 | 2.8 | 1 | 2.0 |
| 5 するべきでない | 10 | 9.3 | 5 | 10.0 |
| 6 どうでも良い | 8 | 7.5 | 1 | 2.0 |
| NA | 3 | 2.8 | 7 | 14.0 |
| 回答者数 | 107 | 100.0 | 50 | 100.0 |

(戸所研究室「市民2003年・旅館アンケート2004年」より作成)

表 3-14　伊香保らしいファッション・ブランド街で中心街の集客力向上

| 選択肢 | 市民調査 | | ホテル・旅館調査 | |
|---|---|---|---|---|
| 1 とても良い | 2人 | 24.3% | 15社 | 30.0% |
| 2 良い | 30 | 28.0 | 15 | 30.0 |
| 3 分からない | 23 | 21.5 | 14 | 28.0 |
| 4 悪い | 4 | 3.7 | 0 | 0.0 |
| 5 するべきでない | 19 | 17.8 | 3 | 6.0 |
| 6 どうでも良い | 2 | 1.9 | 1 | 2.0 |
| NA | 3 | 2.8 | 2 | 4.0 |
| 回答者数 | 107 | 100.0 | 50 | 100.0 |

(戸所研究室「市民2003年・旅館2004年アンケート」より作成)

ル・旅館経営者は48％で、支持しないを大幅に上回る。しかし、ホテル・旅館経営者の意見を見ると、単純に館内施設を外に出せない事情もあり、関係者の協調の下、まちづくり全体の中で効果的に行う必要がある(**表3-13**)。

昼間の石段街や街並みの活性化が、多くの観光客から要望されている。それに応えるには、昼間観光客の増加が不可欠となる。その必要性を市民もホテル・旅館経営者も約90％の人が認めている。石段街への昼間観光客増加策の一つが、館内施設の石段街進出である。他方で、単に石段街に店舗が多くなれば良いというものではない。特色あるショッピング街にする必要がある。

伊香保への来訪者にとって伊香保の中心街は非日常空間であり、その街並みの美しさや楽しさを味わおうとする。それに応えるには、人々を引きつける街並みの美しさや魅力が必要となる。同時に、街の存在する物語・ストーリーを

感じさせ、何らかの期待感と意外性があるところに人々は集う。さらに、繁華街という舞台の上で他人の様々なパフォーマンスを楽しむと同時に、自分を見せる歓びが重要になる。石段街をそうした伊香保らしいファッション街・ブランド店街化することも仮説として成り立つ。こうした考えを支持する市民は52％、ホテル・旅館は60％と多い。しかし、「分からない」とする人も25％前後居り、市民には「するべきでない」との意見が18％もある。その理由等を検討し、あるべき石段街の姿を追求する必要がある(表3-14)。

## (5) 秩序あるまちづくりの必要性とその可能性

　伊香保町の都市的土地利用は、比較的コンパクトにまとまっている。それは、源泉を中心とするコンパクトな温泉街が配湯システムを築く上からも、効率良く温泉街形成機能を集積させる点からも理にかなっていたことによる。特に伊香保では石段街を中心に温泉街が発達し、石段街との距離が温泉観光業者に立地制約として機能してきた。また、地形的な制約も大きい。また、土地所有者のほとんどが地元民であり、乱開発が防げた。そのため、これまで必ずしも強力な土地利用規制が無くても、比較的秩序ある開発が行われてきた。

　しかし、今後は伊香保といえども域外資本の流入が予想される。また、渋川中心市街地方面からの住宅開発の圧力も増してこよう。そうした中で伊香保の住民が生活しやすく、観光客にも魅力あるまちづくりをするには、秩序ある土地利用が欠かせない。そのためには、市街化区域と市街化調整区域を明確にし、乱開発を防がねばならない。また、伊香保らしい景観を創るために、建築物のデザインや色彩をあるべき方向へと誘導するシステムを導入しなければならない。それには住民自らそれらの規制を受け入れる意志が不可欠となる。

　以上の視点に立って、伊香保町に新たな土地利用規制を導入することへの賛否を尋ねた。その結果、ホテル・旅館経営者の76％は賛成であった。他方、市民の賛成は56％にとどまる。ホテル・旅館経営者の場合、明確に反対を唱えたところは1社で、意見保留(分からないと未回答)が22％である。それに対し、市民は反対が11％居り、意見保留も33％に達する(表3-15)。景観や土地利用のあり方が経営に直結する業者からは比較的賛同を得やすい。しかし、市民の利害は輻輳するため、こうした結果になるものと思われる。

表 3-15　新たな土地利用制度等の導入

| 回答項目 | ホテル・旅館調査 | | 市民調査 | |
| --- | --- | --- | --- | --- |
| 1　賛成 | 38社 | 76.0% | 60人 | 56.1% |
| 2　反対 | 1 | 2.0 | 12 | 11.2 |
| 3　わからない | 8 | 16.0 | 34 | 31.8 |
| NA | 3 | 6.0 | 1 | 0.9 |
| ホテル・旅館数 | 50 | 100.0 | 107 | 100.0 |

(戸所研究室「市民アンケート2003年」「旅館アンケート2004年」より作成)

　必要なことは分かっていても利害が絡むこの種の規制は、総論賛成・各論反対になりやすい。土地利用規制と景観形成のガイドラインは知識情報化社会に伊香保温泉街が持続的発展をするために不可欠なもので、官民で十分な論議を行い早急に制度導入を図る必要がある。

## 5. 伊香保周辺の重視すべき観光資源

　伊香保温泉街周辺には文化・スポーツ・自然関係の多彩な観光資源が数多く存在する。それらとの連携は、伊香保の魅力を高めることになる。そこで、伊香保の魅力向上を目的に連携を強化すべき観光資源は何かについて、5つまで回答可能として2003年12月の市民アンケートで尋ねた。その結果、一人あたり3.3の回答があり、周辺にある観光資源の中で伊香保温泉街と連携強化すべき観光資源として最も多かったのが水沢観音・水沢うどんで、回答者の46%である。他の多くの貴重な観光資源への関心は多くて10%台と低かった。そのため、伊香保およびその周辺に立地分布する多彩な観光資源を温泉街の活性化に活用すべく如何にネットワークするかが大きな課題と指摘した(第2章参照)。

　そこで2004年12月のホテル・旅館調査でも、同様の項目について経営者に尋ねた。これについては会社としての回答は難しいため、個人的意見として応えて頂いた。その結果、石段街の選択が90%、次いで水沢観音・水沢うどんの80%、露天風呂の76%で、ここまでは市民と同様の選択であった。石段街、水沢観音・水沢うどん、露天風呂を経営者・市民とも伊香保の重要観光資源と考えているが、他は大きく異なる。すなわち、86%の経営者が榛名湖・榛名山を

表 3-16　伊香保周辺の重視すべき観光資源

| 回答項目 | 思う | 思わない | 判らない | NA | ホテル・旅館50社 |
|---|---|---|---|---|---|
| 1　石段街 | 90 % | 4 % | 2 % | 4 % | 100 % |
| 2　露天風呂 | 76 | 14 | 2 | 8 | 100 |
| 3　竹久夢二記念館等美術館 | 74 | 16 | 6 | 4 | 100 |
| 4　関所 | 42 | 32 | 16 | 10 | 100 |
| 5　グリーン牧場等レジャー施設 | 74 | 10 | 8 | 8 | 100 |
| 6　スケートリンク | 32 | 36 | 16 | 16 | 100 |
| 7　ロープウェイ・展望台 | 78 | 8 | 4 | 10 | 100 |
| 8　ゴルフ場 | 62 | 20 | 12 | 6 | 100 |
| 9　水沢観音・水沢うどん | 80 | 14 | 0 | 6 | 100 |
| 10　渋川スカイランドパーク | 38 | 32 | 18 | 12 | 100 |
| 11　榛名湖・榛名山 | 86 | 6 | 0 | 8 | 100 |
| 12　夢二アトリエ・湖畔の宿公園 | 42 | 32 | 18 | 8 | 100 |
| 13　榛名神社 | 68 | 18 | 8 | 6 | 100 |
| 14　ハルナグラスなどの工芸工場 | 58 | 24 | 6 | 12 | 100 |
| 15　農産物と加工品 | 60 | 26 | 4 | 10 | 100 |
| 16　その他 | 8 | — | — | 92 | 100 |

（戸所研究室「旅館アンケート」2004年より作成）

高く評価しており、徳富蘆花記念文学館、竹久夢二記念館等の美術館、グリーン牧場等のレジャー施設、ロープウェイ・展望台も70％台の選択率である。また、**表3-16**にあげたその他の観光資源に対する経営者の評価も高く、経営者には広くこうした資源を使っていこうとする意欲が感じられる。

以上の地域資源と温泉街をネットワークするには広報・案内表示と公共交通の充実が求められる。次章のパーク・アンド・ライド研究はその一環でもある。

## 6. 伝統的大規模温泉観光地特有の問題点

伊香保温泉は温泉王国群馬の三大温泉の一つであるばかりでなく、日本有数の温泉である。その温泉街としての歴史も古く、明治以降も他に先駆けていち早く鉄道を導入し、避暑地としての地位を高めた。すなわち、東京—高崎間に日本鉄道が日本最初の私鉄鉄道を開通したのが1884(明治17)年であった。その後、1889(明治22)年には高崎・前橋間が開通し、さらに高崎・渋川間、前

橋・渋川間および渋川・伊香保間の市街電車が開設されている。

　他に先駆けての近代交通網の整備で東京と伊香保は鉄道で直結され、西園寺公望を始め中央政界・財界人が多く逗留するようにもなった。また、1879(明治12)年の英照皇太后行啓以来皇室の来湯が続き、明治23年には神奈川県葉山と同時に御用邸も設置され、御用邸は昭和20年まで存在した。さらに、徳富蘆花が伊香保を舞台に『不如帰』を執筆したり、美人画の竹久夢二が榛名湖畔にアトリエを造って伊香保・榛名山を愛するなど、多くの文人墨客の集う温泉街を構築してきた。

　それだけに、伊香保のホテル・旅館は個性的ですばらしい歴史を持つ。また、各ホテル・旅館とも顧客に満足される経営を目指し、街を良くしようとの意識も高く、努力を続けてきている。そのため、著者の顧客満足度調査でも、満足・やや満足が56％、普通が30％で、不満は10％にすぎず、顧客満足度は高いといえる(第2章参照)。しかし、経営者も市民も異口同音に、自分は一生懸命に自社のためにも街の発展のためにも努力しているのに他の協力がないと協調性のなさを嘆く。その結果、街の評価も個別企業としても一定の水準を保つものの、伝統ある温泉街の総合力が十分に発揮されないでいる。

　ホテル・旅館調査、来街者調査、市民調査を通じて、多くの人々から貴重な意見が得られた。それらをまとめると、多彩な地域資源や伝統ある温泉街の活力を結集できない要因として、次の事項を指摘できよう。また、このことは著者の経験では伊香保に限らず、概ね力量のある伝統的温泉観光地に共通することと言える。すなわち、①地域的には石段街を中心とした地域とその周辺地域の人々との対立、②老舗ホテル・旅館と新興ホテル・旅館との対立、③ホテル・旅館と一般市民との対立、④行政と民間との間、および各種団体間と市民に十分な信頼感のない不幸、である。

　伊香保温泉のホテル・旅館も市民も、そして行政も、それぞれがすばらしい努力を行ってきた。その結果として日本有数の温泉街としての今日の地位がある。これまでの工業化社会ではかかる個人的努力と競争によって、それなりの地域的評価が得られた。しかし、これからの知識情報化社会においては、個々の努力だけでは地域発展はない。地域の中から一社でも問題を生じさせれば、その情報はたちまち全国・世界を駆けめぐり、地域全体が風評被害を被る。そ

れは有名な地域ほど大きな被害となる。伊香保でもまた全国各地の有名温泉でも起こった温泉不正表示問題の結果が、そのことを端的に物語る。また、一社でいくら努力しても一定以上の顧客しか集められない。地域が連携した時に、思い掛けない相乗効果が現れる時代である。

　これからは、個々の努力に相互の連携を加味した企業経営・地域運営が不可欠となる。また、資本の論理・経営者の論理・生産者の論理中心の従来型システムを、地域の論理・労働者の論理・消費者の論理中心のシステムに転換しなければならない。資本の論理・経営者の論理・生産者の論理で温泉や料理を供給しては、顧客満足は得られない。顧客の体調や年齢・訪問時の状況に応じた接遇が求められる。街の構造も街の雰囲気も消費者の視点から再構築が必要となる。かつてはどのホテル・旅館もお客様第一のホスピタリティを口にするが、ホテル・旅館の経営第一主義から発したホスピタリティに過ぎなかった。しかし、伊香保温泉ではホテル・旅館が連携して相互に浴場を利用し合う外湯巡りやトイレの共同利用体制など、温泉街が一丸となった取り組みを始めている。再構築の一つの表れと言えよう。

　伊香保の経営者は世界情勢や経営に関する造詣が深く、成功者が多い。伊香保には人的資源も地域資源も豊富にある。経営者も市民も行政も、街を見る時に自分の城からしか見ないけれども、コミュニケーションを活発にすることで対立を乗り越えることが何より必要と考える。多くの人々が街の将来像を語り合い、それに向かって協調しつつ努力をすれば、直ぐにでも再生・活性化する温泉街である。日本の伝統的温泉街は、著者の研究や経験から、伊香保と類似の事態のところが多い。観光立国を目指すには、それぞれの伝統的温泉観光地が、工業化社会の体制から個性的な知的交流のできる知識情報化社会への転換を図る必要がある。

〈注〉
1) 伊香保町温泉街に立地する全ての旅館・ホテルを対象に経営者等意思決定のできる人から聴き取り調査を行った。調査は伊香保町役場観光担当者の協力で伊香保温泉で営業する全ホテル・旅館 57 事業所に、FAX で調査票の記入と調査票回収時の聴き取り調査依頼をした。その上で、高崎経済大学地域政策学部戸所研究室の大学院・学部

学生15名が2名一組になって、個別に57ホテル・旅館に調査票の回収および訪問面接調査を行った。その結果、調査票の回収・訪問面接調査のできたホテル・旅館は45、アンケート回収のみが5で、アンケートの有効サンプル数は50ホテル・旅館である。なお、多忙な社長等役員の方を対象とする聴き取り調査であったため、調査全体はかなりの時間を要した。また、7つのホテル・旅館には様々な理由で調査協力が得られなかった。

2) 伊香保温泉旅館協同組合：『設立50周年記念誌』2002年。関戸明子：「鳥瞰図に描かれた伊香保温泉の景観」えりあぐんま8、pp. 23-40、2002年
3) 山村順次：「伊香保・鬼怒川における温泉観光集落形成の意義—集落の社会経済構造からみた—」地理学評論42-8、pp. 489-503、1969年

## 第4章
## 伊香保温泉街における
## パーク・アンド・ライド・システムの構築方策

### 1. パーク・アンド・ライド・システムの必要性

　産業革命以降の地域づくりは、交通機関の発達に大きく影響されてきた。特に、1960年代後半に始まる自家用車の普及は、それまでの鉄道やバス・市街電車などの公共交通と歩行空間に優れたまとまりある街並を大きく変貌させた。すなわち、郊外化の著しいアメリカ型都市形態が出現してきた。特に日本では、工業化社会の構築に伴う人口増加もあって市街地が急に拡大し、郊外の商業業務地開発で中心商業地が衰退している。

　こうした工業化社会の都市化現象も、1980年代に始まる情報革命によって新たな局面を迎え、時代の変化に対応した都市のあり方や国土構造の変革が問われるようになった。すなわち、財政基盤が弱体化する中で、分権化やこれまで経験したことのない少子・高齢化が進み、新たな都市開発手法が求められている。それには、地域資源の再発見や既存設備の活用による効率の良い都市再生が必要となる。また、従来の年輪型(拡大型)都市づくりを積み重ね新陳代謝型(安定型)に転換させ、コンパクトで安定した市街地形成を図らねばならない。

　積み重ね新陳代謝型のコンパクトなまちづくりの条件としては、①誰もが歩きたくなる街としての環境整備、②日常生活への利便性・快適性の確保、③公共交通によるネットワーク、④町衆の活躍できる交流空間、⑤求心力のある高質・高密度な積み重ね空間としての中心街などがあげられる。この中心街には、人々が一寸おしゃれをして集い、互いに歩き回ることで、あたかもファッション・ショーの中にいるような魅力が求められる。

　日本の伝統的な都市景観は、価値の低いものとされ、明治以降の近代的な

写真4-1　ロープウェー駅隣の市営駐車場。この規模の駐車場建設は難しい

東京型都市開発手法につぶされてきた。また中央集権体制によって東京文化の画一的なまちづくりが行われ、地方都市の個性は喪失した。しかし、記憶喪失の街に安定感はなく、人材も集まらない。そのため、近年は歴史的遺産などを生かした地域の顔・ランドマークづくりが盛んになっている。これからの地域は、情報化時代に適した新しい地域づくり手法を開発し、楽しく歩けるコンパクトなまちに再生しなければならない[1]。

コンパクトなまちを造るには、経済規制でなく都市計画・環境規制によって無秩序な市街地開発を抑制する必要がある。そのためには市街地のスプロール化を抑制する、強力な土地利用規制が不可欠となる。また、自家用車に頼らずに移動できる公共交通機関の整備と強固な建造物を修復しつつ長く利用するルールづくりが求められる。また、街並み全体の色彩やデザインの統一も、個性豊かなまちづくりには欠かせない。

伊香保温泉街も高度経済成長期に市街地を拡大させたもののその面積は小さく、伊香保のシンボルある石段街を中心に、歩いて暮らせるコンパクトな温泉街となっている。また、温泉街とJR渋川駅との間には路線バスが頻繁に運行され、全国有数の自家用車普及率をもつ群馬県にしては歩行客を集めやすい環境にある。

しかし他方で、伊香保温泉街の駐車場が十分でないにもかかわらず、車社会の群馬県では自家用車利用客が増加している。そのため、急坂かつ狭い道路に観光客や地元民の車が溢れ、幅広道路や大規模駐車場を求める観光客が多い。しかし、急傾斜地に開発された温泉街の地形条件などから、個々のホテル・旅館による大規模な駐車場の建設は難しい(**写真4-1**)。

同時に近年では、観光行動の中心が団体客から個人客へ移行するにつれ、歩いて温泉街を楽しんだり、温泉街を拠点に近隣の名所巡りをする観光客が増加してきた。そのため、伊香保温泉街においても、歩行環境の改善と交通利便性

写真 4-2　伊香保のシンボル石段街にまで駐車する自動車

写真 4-3　2003 年運行開始のシャトルバスとタウンバス

の向上が大きな課題となっている。こうした観光客と伊香保町民の要望に応えるには、コンパクトな市街地を活かし、温泉街における歩道の整備と街並みの再構築、自家用車の排除が求められる(**写真 4-2**)。こうした要望は伝統的な温泉観光地に共通したものである。

　歩いて楽しい温泉街の実現には、パーク・アンド・ライド方式が効果的と考えられる。すなわち、市街地の外側に設置した大型駐車場に自家用車をとめ、そこから温泉街の目的施設へは公共バスを利用する。また、温泉街と近隣名所との間にも公共バスを運行することで、利便性と安全性を高めることになる。そのため伊香保町は、パーク・アンド・ライド方式ではないが、温泉街と主要観光地を巡回するシャトルバスとタウンバスの運行を 2003 年に始めた(**写真 4-3**)。この運行は一定の評価を得ているが、より効率的で快適な交通環境の整備が求められている。伝統的な温泉街において、歩車分離が図られ、快適な交通環境が整備されることは全国各地の伝統的な温泉街の再生にも参考になると言える。

　そこで、伊香保温泉街に適したパーク・アンド・ライド・システムを構築するために、2005 年 7 月の「のど自慢」・「旅の日」および 8 月の「伊香保ハワイアン・フェスティバル 2005」に際し、パーク・アンド・ライドが温泉街における交通負荷の軽減にいかに役立つかの社会実験を行った[2]。調査当日は伊香保町内にある①ベルツの湯駐車場(約 70 台)、②伊香保町体育館駐車場(約 80 台)、③徳富蘆花記念文学館駐車場(70 台＋バス 5 台)を無料開放し、この駐車場と

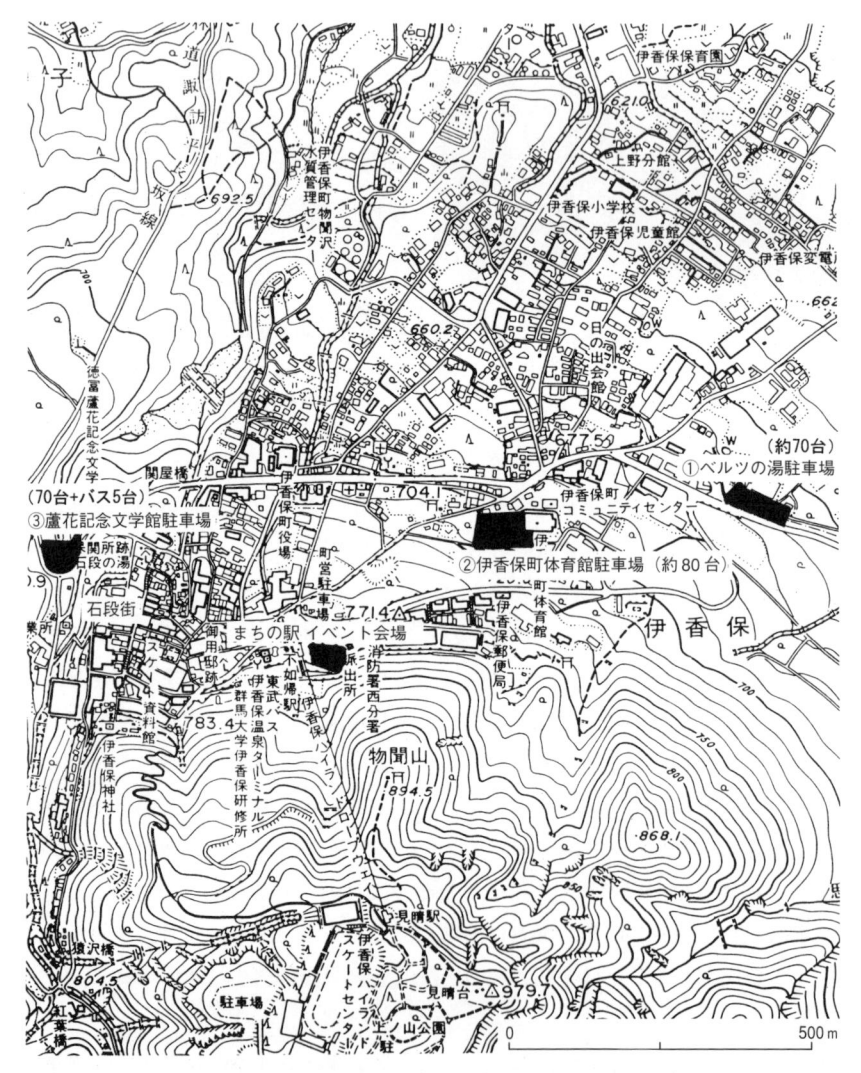

図 4-1　イベント会場とパーク・アンド・ライド用駐車場の位置関係

イベント会場を結ぶ無料小型シャトルバスの利用客に街頭面接アンケートをした（**図 4-1**）。この無料バス利用者で本調査に協力した 344 人を「無料バス利用者」とする。また、当日、無料バスを利用しない人も多数存在した。それ等の人々と無料バス利用者と比較することでより効果的な結果が得られると判断

表 4-1 イベント開催時における伊香保温泉街への来街目的(3つまで)

| 回答項目 | のど自慢と歌謡ショウ | | | | ハワイアン・フェスティバル | | | |
| --- | --- | --- | --- | --- | --- | --- | --- | --- |
| | バス利用者 | | バス未利用者 | | バス利用者 | | バス未利用者 | |
| 1 特別なイベント | 116人 | 96.7% | 258人 | 60.6% | 184人 | 82.1% | 336人 | 59.1% |
| 2 日帰り温泉 | 10 | 8.3 | 57 | 13.4 | 11 | 4.9 | 50 | 8.8 |
| 3 宿泊 | 1 | 0.8 | 147 | 34.5 | 34 | 15.2 | 202 | 35.5 |
| 4 レジャー施設利用 | 0 | 0.0 | 4 | 0.9 | 2 | 0.9 | 7 | 1.2 |
| 5 美術館等の見学 | 0 | 0.0 | 2 | 0.5 | 1 | 0.4 | 9 | 1.6 |
| 6 仕事・所要 | 0 | 0.0 | 9 | 2.1 | 4 | 1.8 | 15 | 2.6 |
| 7 会議・研修 | 0 | 0.0 | 3 | 0.7 | 0 | 0.0 | 2 | 0.4 |
| 8 榛名湖観光 | 0 | 0.0 | 3 | 0.7 | 0 | 0.0 | 26 | 4.6 |
| 9 水沢観光 | 2 | 1.7 | 6 | 1.4 | 0 | 0.0 | 15 | 2.6 |
| 10 その他 | 2 | 1.7 | 32 | 7.5 | 6 | 2.7 | 46 | 8.1 |
| NA | 0 | 0.0 | 3 | 0.7 | 2 | 0.9 | 0 | 0.0 |
| 回答総数 | 131 | 109.2 | 524 | 123.0 | 244 | 108.9 | 708 | 124.4 |
| 回答者数 | 120 | 100.0 | 426 | 100.0 | 224 | 100.0 | 569 | 100.0 |

(戸所 隆:伊香保パーク・アンド・ライド・アンケート、2005年より作成)

し、イベント会場から少し離れた温泉街の中心・石段街で、同時に調査を行い、調査協力した995人を「無料バス未利用者」と表現する。本章ではこうした社会実験の結果をまとめ、温泉街におけるパーク・アンド・ライドのあり方を検討したい。

## 2. パーク・アンド・ライド社会実験協力者の性格

のど自慢・歌謡ショウ時(写真4-4)のパーク・アンド・ライド用無料バス利用者の来街目的では、イベント(のど自慢・歌謡ショウ)目的が97%と圧倒的である。また、無料バス利用者に比べ未利用者の方が、複数の来街目的を持つ人が多く、イベント目的が61%、宿泊や日帰り入浴目的の人が約50%程存在する(表4-1)。

「初めて」伊香保温泉に来街した人はバス利用者で4%、バス未利用者で15%と少なく、来街者の3分の2以上が年に1回以上のリピーターである。著者の2003年調査による伊香保温泉街通常顧客圏は、東京・埼玉を中心に県外客が約75%と多い(第2章参照)。しかし、のど自慢・歌謡ショウ時では伊香保

写真 4-4　伊香保温泉のど自慢・歌謡ショー　　写真 4-5　伊香保温泉ハワイアン・フェスティバル

周辺市町村を中心とする群馬県内客が、無料バス利用者の 87％、未利用者の 60％を占める。この種のイベント時には近隣客が多く、それだけにリピーター客の割合が多いといえる。

他方、ハワイアン・フェスティバル時(写真 4-5)のパーク・アンド・ライド用無料バス利用者は、のど自慢・歌謡ショウ時よりイベント目的の来街がやや減少し、宿泊客が 1％から 15％に増加する。また、無料バス未利用者の 3 分の 1 も宿泊客で、複数の来街目的を持つ人が多い。それだけにハワイアン・フェスティバルは、のど自慢と歌謡ショウ時に比べて全国から集客している。すなわち、無料バス利用者の 37％、未利用者の 67％が埼玉・東京を中心とする群馬県外客で、バス未利用客は通常期の顧客圏に近い。

なお、パーク・アンド・ライド用無料バスの利用には、無料バスの存在と乗り方を予め認知する必要がある。認知度は近隣居住のリピーター層で高くなるため、無料バス利用者に県内客が多くなる。いかに広汎な利用者に認知させることができるか、パーク・アンド・ライドシステムの成否になる。

ところで、歌謡ショウもハワイアンもイベントの性格や平日開催であることから、「主夫・主婦」と「無職」の人が 50％前後を占め、年齢的にも高くなる。「会社員」・「自営業」は約 35％でそれに次ぐ(表 4-2)。男女比は、のど自慢・歌謡ショウ時で概ね 4：6、ハワイアン・フェスティバル時で 3：7 であり、女性の方が男性の約 2 倍になる。

伊香保温泉来街者は、概ね個人客、小グループ、団体客にほぼ 3 等分されてきた。しかし、近年の傾向として団体客が減少し、小グループと一人旅が多く

表 4-2　伊香保パーク・アンド・ライド・アンケート回答者の職業

| 回答項目 | のど自慢と歌謡ショウ | | | | ハワイアン・フェスティバル | | | |
|---|---|---|---|---|---|---|---|---|
| | バス利用者 | | バス未利用者 | | バス利用者 | | バス未利用者 | |
| 1　会社員 | 18人 | 15.0% | 93人 | 21.8% | 49人 | 21.9% | 145人 | 25.5% |
| 2　自営業(商工サービス業) | 14 | 11.7 | 46 | 10.8 | 17 | 7.6 | 35 | 6.2 |
| 3　自営業(農林漁業) | 8 | 6.7 | 22 | 5.2 | 4 | 1.8 | 6 | 1.1 |
| 4　公務員 | 2 | 1.7 | 14 | 3.3 | 10 | 4.5 | 22 | 3.9 |
| 5　教員・研究員 | 0 | 0.0 | 3 | 0.7 | 4 | 1.8 | 9 | 1.6 |
| 6　自由業 | 1 | 0.8 | 9 | 2.1 | 6 | 2.7 | 11 | 1.9 |
| 7　学生 | 0 | 0.0 | 5 | 1.2 | 10 | 4.5 | 54 | 9.5 |
| 8　パート・アルバイト | 8 | 6.7 | 22 | 5.2 | 21 | 9.4 | 35 | 6.2 |
| 9　主夫・主婦 | 35 | 29.2 | 97 | 22.8 | 78 | 34.8 | 178 | 31.3 |
| 10　無職 | 31 | 25.8 | 100 | 23.5 | 19 | 8.5 | 59 | 10.4 |
| 11　その他 | 3 | 2.5 | 15 | 3.5 | 6 | 2.6 | 15 | 2.6 |
| 回答者数 | 120 | 100.0 | 426 | 100.0 | 224 | 100.0 | 569 | 100.0 |

(戸所　隆：伊香保パーク・アンド・ライド・アンケート、2005年より作成)

なっている(第3章参照)。特にイベント時には、友人や家族からなる小グループが多くなる。すなわち、無料シャトルバス利用者では友人との来街が42％、家族とが46％と小グループでの来街が88％に達し、一人旅は8％、団体旅行も3％にすぎない。また、無料シャトルバス未利用者も小グループでの来街が78％になる。

通常期における伊香保温泉街への来街手段は、自家用車63％、鉄道・路線バス22％、観光バスや送迎バス10％である。今回の無料小型シャトルバス利用者の93％は自家用車での来街者で、概ねパーク・アンド・ライド社会実験の趣旨に添ったものとなった(表4-3)。なお、無料シャトルバス利用者の多くは伊香保近隣居住者で、来街手段が自家用車でないバス利用者の多くは、無料バス発着地近くに立地するホテル客である。

## 3.　パーク・アンド・ライド社会実験に対する評価

### (1)　無料シャトルバス運行評価

今回のパーク・アンド・ライド社会実験における無料シャトルバス(**写真4-**

表 4-3　伊香保温泉街までの交通手段(4日合計)

| 回答項目 | バス利用者 | | バス未利用者 | |
|---|---|---|---|---|
| 1 自家用車 | 319人 | 92.7% | 426人 | 42.8% |
| 2 電車 | 10 | 2.9 | 173 | 17.4 |
| 3 乗合バス | 5 | 1.5 | 113 | 11.4 |
| 4 観光バス | 0 | 0 | 72 | 7.2 |
| 5 高速バス | 4 | 1.2 | 39 | 3.9 |
| 6 タクシー | 1 | 0.3 | 21 | 2.1 |
| 7 二輪車 | 0 | 0 | 3 | 0.3 |
| 8 徒歩 | 3 | 0.9 | 9 | 0.9 |
| 9 その他 | 5 | 1.5 | 20 | 2.0 |
| NA | 1 | 0.3 | 4 | 0.4 |
| 回答総数 | 354 | 102.9 | 1134 | 114.0 |
| 回答者数 | 344 | 100.0 | 995 | 100.0 |

(戸所　隆：伊香保パーク・アンド・ライド・アンケート、2005年より作成)

6)に対する利用者の評価は、概ね好評であった。すなわち、複数回答で一人あたり平均1.6の選択回答を得る中で、**表 4-4** の肯定的な意見 1～6 の合計が133％となり、否定的な意見 7～13 の合計 11％を大きく上回っている。

「イベント会場までスムーズに来られた」が 66％で最も多く、「駐車場探しの手間が省けて良い」が 20％、「不案内な温泉街を運転せずに済んだ」が 19％と多い。こうした評価は、パーク・アンド・ライドが地理不案内な運転者にとって安心・安全なシステムであることを示すものといえよう。

また、自家用車を運転してきた人の 13％が「自家用車が減って安心して歩ける」、7％が「歩いて温泉街を楽しめた」と歩行者の立場にたってパーク・アンド・ライドを肯定的に評価している。このことは、伊香保までは自家用車を利用するものの、温泉街は公共交通と徒歩で安心して過ごせるまちづくりを望む人の存在を示すものである。このことは無料シャトルバス利用者の 87％、未利用者の 74％が、パーク・アンド・ライドを目的とした無料バスの常時運行を求めることにも表れる。なお、無料バスの常時運行を否定する人は、バス利用者の 5％、未利用者の 9％に過ぎず、残りは判断保留者でそれぞれ 8％、16％である。

このようにパーク・アンド・ライドの導入に対し、観光客は概ね賛意を示す

が、この種の調査で多くの賛同が得られても、運行時に積極的な協力・利用があるとは限らない。それを避けるには、①少数意見に耳を傾ける必要がある。すなわち、「他の大規模駐車場と結ぶほうが良い」など、表4-4の7～13の意見を十分吟味する必要がある。また、②パーク・アンド・ライド・システムの認知度

写真4-6 パーク・アンド・ライド用無料バス

を高め、伊香保温泉街にとって利用しやすいシステムを綿密に研究しなければならない。さらに、③バスを利用しなかった人々の意見を参考にしながら、過重負担にならない伊香保型パーク・アンド・ライド・システムの開発が求められる。

### (2) パーク・アンド・ライド用駐車場のあり方

今回パーク・アンド・ライド用に使用された3カ所の駐車場は、どこも80台前後の駐車能力である(図4-1)。しかし、石段街に隣接する徳富蘆花記念文学館の駐車場は、パーク・アンド・ライド用バスの運行を始める時刻にはすでに満車に近く、利用しにくい状況にあった。そのため、徳富蘆花記念文学館駐車場の利用客は無料シャトルバス乗車客の5％に過ぎない。最も多く利用された駐車場はベルツの湯駐車場で、全体の49％を占める。次いで多かったのが町立体育館駐車場で、全体の26％であった。また、パーク・アンド・ライド用駐車場以外に、旅館などの他の駐車場を利用した人が、無料シャトルバス利用者の14％いた(表4-5)。

徳富蘆花記念文学館駐車場に駐められた場合、距離的に街を楽しみながら歩いて会場に行ける。そのため、わざわざバスに乗らなくても良いとの意見もあった。また回答者の反応から、徳富蘆花記念文学館駐車場のように中心街を通り過ぎたところにある駐車場や中心街内の駐車場は、パーク・アンド・ライド用には適していない。

パーク・アンド・ライド用駐車場には、会場との間に一定の距離が必要とな

表 4-4　無料小型シャトルバスの評価

| 回答項目 | 回答数 | 割合 |
|---|---|---|
| 1　不案内な温泉街を運転せずに済んだ | 64人 | 18.6% |
| 2　歩いて温泉街を楽しめた | 24 | 7.0 |
| 3　自家用車が減って安心して歩ける | 43 | 12.5 |
| 4　イベント会場までスムーズに来られた | 226 | 65.7 |
| 5　少々面倒だが無料なので問題ない | 32 | 9.3 |
| 6　駐車場探しの手間が省けて良い | 69 | 20.0 |
| 7　バスの乗り心地が悪い | 3 | 0.9 |
| 8　渋滞で駐車するまでに時間を費やした | 3 | 0.9 |
| 9　バスへの乗換えが面倒 | 4 | 1.2 |
| 10　バスが小さい・デザインが悪い | 6 | 1.7 |
| 11　バスに乗るまでの待ち時間が長い | 10 | 2.9 |
| 12　バスの乗務員の対応が悪い | 0 | 0.0 |
| 13　他の大規模駐車場と結ぶほうが良い | 10 | 2.9 |
| 14　その他 | 58 | 16.7 |
| NA | 6 | 1.7 |
| 回答総数 | 558 | 162.2 |
| 回答者数 | 344 | 100.0 |

(戸所　隆：伊香保パーク・アンド・ライド・アンケート、2005年より作成)

表 4-5　無料バス乗車客が利用した駐車場(両イベント合計)

| 回答項目 | 回答数 | 割合 |
|---|---|---|
| 1　ベルツの湯駐車場 | 169人 | 49.1% |
| 2　町立体育館駐車場 | 89 | 25.9 |
| 3　徳富蘆花文学館駐車場 | 18 | 5.2 |
| 4　旅館などの他の駐車場 | 49 | 14.2 |
| 5　自家用車を利用していない | 16 | 5.0 |
| NA | 3 | 0.9 |
| 回答総数 | 558 | 162.2 |

(戸所　隆：伊香保パーク・アンド・ライド・アンケート、2005年より作成)

る。町立体育館駐車場もイベント会場に近いので、急坂を厭わなければ徒歩で会場に向かえる。会場に近いとバスに乗るべきか歩くべきか迷い、バスに乗った効果が感じられないようである。なお、町立体育館の駐車場は分かりにくく、誘導されて行く人が多い。

　以上のことから、パーク・アンド・ライド用駐車場は、伊香保温泉街に入る

手前に判りやすいく大規模なものを設置することが望ましい。無料シャトルバスに対する評価(表4-4)にも少数意見として「他の大規模駐車場と結ぶほうが良い」がある。今後、駐車場の立地場所やその形態について、早急の検討が必要である。

### (3) パーク・アンド・ライド実施の認知方法

パーク・アンド・ライドを実施する際、最も重要なことは自家用車利用者がこのシステムの存在とその利用方法を認知することである。また、温泉街など観光地では初めての来街者が多いため、初心者でも分かるシステムにしなければならない。

のど自慢・歌謡ショウにおける無料シャトルバス利用者の多くは、結果として伊香保温泉近隣地域居住者であった。そのため、パーク・アンド・ライドに関する広報は十分行き届いていると期待した。しかし、実際には利用者の68％が「今日誘導されて初めて知った」であり、途中の案内板で認知した人も4％にすぎない。観光協会のパンフレットや旅館・ホテルでの情報から得た人も合計で15％と少ない。他方で、経費のかからない口コミが12％と意外に多くある(表4-6)。

パーク・アンド・ライドも回を重ねるとその認知度は変化する。ハワイアン・フェスティバルの際は、のど自慢・歌謡ショウ時に次いで2回目となるパーク・アンド・ライドであるため、「今日誘導されて初めて知った」人が前回の68％から27％に大幅に減少した。他方で、口コミが3倍の33％に、旅館ホテルでの情報が2倍の10％になった。

来街途中の看板には、初めての来街者への認知効果が期待できる。そこで今回のパーク・アンド・ライド社会実験では、無料の駐車場とシャトルバスがあることを告知するために、県道渋川松井田線沿い数カ所に看板を設置した。しかし、見ていない人が31％もおり、看板の役割を果たしていない。また、見た人も、看板の数が少なく、看板や文字の大きさが小さく、運転者には認知できないことを訴えている。

ハワイアン・フェスティバルの時でも看板でパーク・アンド・ライドを認知した人は13％にすぎず、如何に運転中の人に的確な情報が与えられるかが問わ

表 4-6　無料バス利用者の無料バス認知方法

| 回答項目 | のど自慢・歌謡ショウ | | ハワイアン | |
|---|---|---|---|---|
| 1　ポスター | 3人 | 2.5 % | 6人 | 2.7 % |
| 2　インターネット | 0 | 0.0 | 2 | 0.9 |
| 3　旅館・ホテルでの情報 | 6 | 5.0 | 23 | 10.3 |
| 4　観光協会発行のパンフレット | 12 | 10.0 | 14 | 6.3 |
| 5　新聞 | 0 | 0.0 | 2 | 0.9 |
| 6　口コミ | 14 | 11.7 | 73 | 32.6 |
| 7　来る途中の案内板 | 5 | 4.2 | 28 | 12.5 |
| 8　今日誘導されて初めて知った | 82 | 68.3 | 61 | 27.2 |
| NA | 0 | 0.0 | 18 | 8.0 |
| 回答総数 | 122 | 101.7 | 227 | 101.3 |
| 回答者数 | 120 | 100.0 | 224 | 100.0 |

(戸所　隆：伊香保パーク・アンド・ライド・アンケート、2005年より作成)

れている。他方で、37％の人は案内板でなく、誘導員の指示を重視する。しかし、イベント時には特別な人員配置も可能であるが、日常的に人件費を負担できない。そのため、誘導員なしで初めて伊香保に来た人が惑わずに所定の駐車場に入り、パーク・アンド・ライド用のバスにスムーズに乗り換えられるシステムを早急に構築する必要がある。

(4) 無料シャトルバス未利用者の未利用理由

　伊香保温泉街に自家用車で来街し、催しに参加しながら無料シャトルバスを利用しなかった人は、なぜ利用しなかったのだろうか。その第一の理由は、「知らなかった」が63％と圧倒的に多く、無料駐車場・バスの存在を認知できていないためである。また次に多かったのは、バスや電車できたため、このシステムを「利用する必要のなかった」人や、「旅館・ホテルの送迎を利用」した人である(**表4-7**)。しかし、これらの人々の多くも、無料駐車場・バスの存在を認知していない。パーク・アンド・ライド利用者のほとんどが、誘導員に誘導されて偶然利用しており、広報の方法が課題といえる。

　アンケート回答者の多くは、利用しやすいパーク・アンド・ライド・システムであれば活用したいと思っている。それだけに、パーク・アンド・ライド・システムの導入には、使いやすいシステムを構築し、不特定多数の人々が認知

表 4-7　無料バスを利用しなかった理由(両イベント合計)

| 回答項目 | 回答数 | 割合 |
|---|---|---|
| 1　知らなかった | 627人 | 63.0 % |
| 2　違う駐車場を利用したから | 14 | 1.4 |
| 3　利用する必要がなかった | 149 | 15.0 |
| 4　街を歩きたかった | 43 | 4.3 |
| 5　利用方法が不明 | 18 | 1.8 |
| 6　旅館・ホテルの送迎を利用 | 60 | 6.0 |
| 7　自家用車で行きたかった | 79 | 7.9 |
| 8　その他 | 32 | 3.2 |
| NA | 24 | 2.4 |
| 回答総数 | 1046 | 105.1 |
| 回答者数 | 995 | 100.0 |

(戸所　隆：伊香保パーク・アンド・ライド・アンケート、2005年より作成)

できる広報システムを開発しなければならない。的確な広報と案内表示によって、パーク・アンド・ライドの認知度を高めることが、実施効果を向上させるための最重要課題といえよう。

　ところで、二つのイベント時にパーク・アンド・ライドを利用しなかった来街者に、パーク・アンド・ライド社会実験の評価を求めたところ、82％の人がプラスの評価であった。不必要と明確に表明した人は2％にすぎず、16％の人は意見保留であった。この様に、実際には利用しなかった来街者の多くも、温泉街から自家用車を減らすことには好意的である。また、温泉街を歩いて楽しめる安全快適な交通環境とそれを可能にする交通システムやまちづくりを求めていることは判明した。

## 4. 自動車を排除した歩いて楽しい温泉街を望む観光客

### (1) パーク・アンド・ライドを活かした街並み整備への期待

　パーク・アンド・ライド社会実験は、来街者にも市民にも好意的に受け止められ、パーク・アンド・ライド事業の恒常的・継続的実施にも、無料シャトルバス利用者の87％、未利用者の74％から賛同が得られた(**表 4-8**)。反対者は少ないものの、身体障害者や歩行困難な高齢者を含め、自分の車で目的地まで

表4-8 無料バスの常時運行への評価(両イベント合計)

| 回答項目 | バス利用者 | | バス未利用者 | |
|---|---|---|---|---|
| 1 よい | 298人 | 86.6% | 735人 | 73.9% |
| 2 悪い | 18 | 5.2 | 90 | 9.0 |
| 3 分からない | 28 | 8.1 | 163 | 16.4 |
| NA | 0 | 0.0 | 7 | 0.7 |
| 回答総数 | 344 | 100.0 | 995 | 100.0 |

(戸所 隆:伊香保パーク・アンド・ライド・アンケート、2005年より作成)

　行きたいという人が10%弱いる(表4-7)ことは、パーク・アンド・ライド事業実施に際して留意する必要がある。
　伊香保温泉街への来街者の圧倒的多数がパーク・アンド・ライドを支持しているが、賛成理由の多くは不慣れな観光客に便利で安心というものである。伊香保温泉の街路は狭く複雑なことが背景にあり、送迎バスにぶつかりそうになったなど危ない思いをした人も結構多く、多くの観光客が自動車を排除した安全な街路を求めている。また、防犯体制の整った大型駐車場への駐車によって安心して温泉街を楽しみたいとの意見もある。
　ところで、パーク・アンド・ライド賛同者は、どのようなまちづくりを望んでいるのであろうか。最多は伊香保のシンボル・石段街の賑わい再生で、回答数全体の30%を占める。次いで、温泉の湯量の確保を望む声が23%と多い。そして第3位が、「歩きやすい歩道の整備」の22%である(表4-9)。近年における伊香保温泉の来訪者は、宿泊客・日帰り客を通じて全国的傾向でもある個人客や小グループ客が多くなっている。これらの人々は、団体客のように旅館・ホテルに閉じこもり飲み明かすよりも、街を散策する人々が多い。それらの人が求めるものは、伊香保の人々にとっては日常であっても、観光客にとっては非日常性を感じる高品質な街並みであり、伊香保の暮らしぶりを見聞することである。「石段街の賑わい」「歩きやすい歩道の整備」「休憩できる場所」「案内表示の充実」が、自動車を排除した歩いて楽しい街並みとしての観光客の求める心象風景といえよう。
　以上の観光客の要望を実現するには、先ずパーク・アンド・ライド・システムの導入によって安心して歩ける交通環境と地域資源を活かした街並みが不可

表 4-9 観光客が伊香保温泉街に求めるもの(両イベント合計)

| 回答項目 | 回答数 | 割合 |
|---|---|---|
| 1 石段街の賑わい | 402 人 | 30.0 % |
| 2 温泉の湯量確保 | 307 | 22.9 |
| 3 歩きやすい歩道の整備 | 288 | 21.5 |
| 4 イベントの魅力向上 | 248 | 18.5 |
| 5 休憩できる場所 | 230 | 17.2 |
| 6 案内表示の充実 | 162 | 12.1 |
| 7 レストラン・食堂 | 150 | 11.2 |
| 8 レジャー施設整備 | 143 | 10.6 |
| 9 今回のような公共交通整備 | 118 | 8.8 |
| 10 近隣観光地との連携 | 72 | 5.4 |
| 11 喫茶店 | 59 | 4.4 |
| 12 その他 | 222 | 16.6 |
| 回答総数 | 2401 | 179.3 |
| 回答者数 | 1339 | 100.0 |

(戸所 隆：伊香保パーク・アンド・ライド・アンケート、2005 年より作成)

欠となる。自由にまちなかを歩く中で、展望や雰囲気が良い店で食事をしたいという観光客が多く、それに応える必要がある。また、伊香保の街は坂が多く、街路も入り組んでいる。そのため、散策などでまち歩きをする際に迷いやすく、分かりやすい案内表示と方位・距離の正確な地図への要望が強い。初めての訪問客に対する情報提供の充実が、個人客・小グループ客中心時代のホスピタリティとして重要になっている。

## (2) 無料シャトルバスにふさわしいデザインと色

パーク・アンド・ライド専用バスを運行する際には、動く伊香保のシンボルとして伊香保温泉街全体の景観形成に役立つデザインにすることが重要である。アンケート結果では、伊香保の自然を採り入れたデザインを望む来街者が 30 ％ で最も多く、次いでレトロなデザインが 29 ％、伊香保ゆかりの文人の作品をデザイン化したものが 16 ％ を占め第 3 位であった。この様に伊香保温泉街への来街者は、伊香保の自然を反映したレトロなデザインや伊香保ゆかりの文人作品のデザイン化で個性化を図ることを望んでいる。

また、色に関しては緑を選択する人が回答者の 41 ％ を占めて最も多く、2 位

表 4-10 無料シャトルバスにふさわしい色

| 回答項目 | 回答数 | 割合 |
|---|---|---|
| 1 緑色 | 542人 | 40.5 % |
| 2 黄色 | 156 | 11.7 |
| 3 茶色 | 143 | 10.7 |
| 4 青色 | 93 | 6.9 |
| 5 赤色 | 61 | 4.6 |
| 6 白色 | 52 | 3.9 |
| 7 橙色 | 50 | 3.7 |
| 8 桃色 | 31 | 2.3 |
| 9 紫色 | 18 | 1.3 |
| 10 灰色 | 13 | 1.0 |
| 11 黒色 | 3 | 0.2 |
| 12 その他 | 316 | 23.6 |
| 回答総数 | 1376 | 102.8 |
| 回答者数 | 1339 | 100.0 |

(戸所 隆:伊香保パーク・アンド・ライド・アンケート、2005年より作成)

の黄色の12％を大きく引き離している(**表4-10**)。これは緑溢れる伊香保の自然をイメージしていると考えられ、顧客が自然色を好み、奇をてらったデザインを望んでいないことが知られた。このことは同時に、街並み全体のデザインの方向性をも示しているといえよう。

2003年調査で伊香保温泉街のカラー・イメージを尋ねた際は、茶色と灰色が多く見られた。同様に、2004年のホテル・旅館調査の際にも、茶・灰・緑を支持するホテル・旅館の役員が多くを占めた。茶色や黄色は、伊香保の温泉・黄金の湯の色をイメージした人々の回答である。また、灰色はかつての温泉旅館の瓦屋根のイメージと思われる。いずれにせよ、黄色であっても黄金の湯のように落ち着いた色を望んでいることがアンケート回答者から強く感じられた。こうした意向をバスのような移動体と街並み全体のカラー・コーディネートとデザインに活かす必要がある。

## 5. パーク・アンド・ライド・システム構築の方向性

以上の調査研究と関係者との討議から、伊香保温泉街におけるパーク・アンド・ライドは、次の方向で伊香保らしいシステムを構築する必要があると考える。

### (1) 温泉街区に歩行者専用ゾーンの設置

伊香保温泉街は、安心して歩け、他に例のない特色ある歩いて楽しい温泉街を目指すべきである。そのためにはバイパスがなく伊香保市街地を通過せざるを得ない渋川・前橋から榛名湖方面へ通じる県道渋川松井田線通過交通を除

き、温泉街への来街車輌の進入を規制しなければならない。同時に、石段街など温泉街区に歩行者専用ゾーンを設け、魅力的な施設・店舗の立地や街並み形成を図る必要がある。

歩いて温泉情緒や伊香保の良さを感じる仕掛けがない限り、歩行者専用ゾーンを設置しても観光客も地元民も歩かない。そのためには、地元

写真 4-7 石段街でのフラダンス披露

民にとっては日常であっても、来街者にとっては非日常性を感じられる温泉街の創造が不可欠となる。伊香保でも、観光客・住民ともに、旅館・ホテルから土産物店や遊興施設を石段街など街に出して、歩いて楽しい温泉街に欲しいとの声が多く聞かれた。大型の旅館・ホテルにはこれからも一定量の建物内店舗等の設置は必要と思う。しかし、有力な旅館・ホテルは宿泊客を当該旅館・ホテル内に囲い込むことなく、温泉街にも店舗展開し、旅館・ホテルと温泉街が一体となった活力ある街にすることが重要と考える。

一般に繁華街への来街者は、そこに集う人々をさりげなく見ている。繁華街という舞台に集まった人々が様々なパフォーマンスを演じる姿を楽しむのである（**写真 4-7**）。それは他人を見ると同時に、自分を見せる歓びに繋がる。繁華街という舞台で誰もが互にファッション・ショーを行い、新たな情報や時代の流れを知り、購買欲求が喚起され、購買行動に至るのである。そのことは温泉中心街にも通じることで、伊香保の石段街を活性化させるには次の条件が求められる。すなわち、①その地域性にあった快適で美しく魅力を感じる商業空間を創る、②その街の物語性を演出することで、非日常空間に存在する心理的な歓びを感じさせる、③その雰囲気から発生する欲求を満たせる商品・サービスを整える、である

ところで、伊香保では温泉街全体を完全な歩行者専用ゾーンにすることはできない。急な坂道が多いだけに、重量のある食材や酒類等をホテル旅館等へ配送する車輌の通行は止められない。また、パーク・アンド・ライド用のバスの運行や身体障害者などの特別許可車輌の通行路を確保する必要がある。そのた

めには、温泉街の業務がスムーズに遂行できるための車両通行可能システムを構築しなければならない。歩行者専用ゾーンとの関係で車輛でのアクセスが不可能なホテル旅館・店舗等の事業所には、道路脇に小さな物品配送ステーションを設置し、そこからは一輪車等で再配送するシステムも考えられる。

なお、温泉街区内の車輛通行路にあっても、歩行者優先を図り、スピードを出させない構造にする必要がある。

### (2) 大規模駐車場と総合案内所を温泉街手前に設置

社会実験の結果からパーク・アンド・ライド・システムの構築には、伊香保に車を初めて運転して来た人がシステムを認知し、確実に利用できるようにしなければならない。そのためには、分かり易い駐車場の位置と規模が問題となる。また、システムを認知させるための情報伝達方法をはじめ、システム全体の運用方法の構築が重要である。

認知しやすく、管理しやすい駐車場には一定の規模が必要となる。また、旅館・ホテルに近すぎると、直接玄関に横付けしようとする人が増える。そのため、パーク・アンド・ライド用の駐車場は、誰にも分かり易い温泉街に入る手前の出入りしやすい位置に設置する必要がある。理想的には伊香保温泉へ来街した車輛が必ず立ち寄らねばならない関所のような観光案内所を設け、それに併設して大規模中央駐車場を建設することである。

なお、伊香保温泉街の総合案内システムの一環として、狭域限定FM放送システムを導入することも一案である。伊香保エリアに入った車のラジオからパーク・アンド・ライドの誘導や観光情報等を随時流し、来街者の利便を図ることで、広報活動と誘導人件費の削減にも繋がろう。

中央駐車場の設置場所は少なくとも「ベルツの湯駐車場」より下、温泉街の入り口が適している。現在、ベルツの湯とその駐車場が日常的には利用されていない。そこで、たとえば、ベルツの湯の建物を総合案内所とし、現状の駐車場に一時駐車させ、伊香保温泉街およびその周辺の観光案内・宿泊案内をする。同時に、伊香保におけるパーク・アンド・ライド・システムの説明を必要に応じて口頭およびパンフレット配布で行う。その後、ベルツの湯の背後の雑木林内に想定する大駐車場へ来街車輛を誘導するのも一案といえる。

最大1万人の宿泊収容力を持つ伊香保温泉であるだけに、大規模であっても中央駐車場の収容台数には限界がある。そこで、収容できない来街車輌は、現在各ホテル・旅館が保有する駐車場のうち、中央駐車場に近くて出入りしやすい数百台規模の駐車場の提供を得て、そちらへスムーズに誘導するシステムを造る。そこにはパーク・アンド・ライド用無料シャトルバスが随時、巡回することで利便性を図ればよい。

こうして温泉街縁辺部に集中型駐車システムを設置することで、温泉街への車両進入を減少できる。同時に、温泉街区内に分散立地する既存駐車場の様々な用途への利活用が可能となる。たとえば、ポケットパークや足湯のある無料休憩所、パーク・アンド・ライド用無料シャトルバスの停留所、歩行者専用ゾーンでの物品配送ステーション、特設市場出店スペースなども考えられる。

### (3) ホテル・旅館所有の小型バスをシャトルバスに利活用

今回のパーク・アンド・ライド社会実験で使用したシャトルバスは小さく、本数も少ないとの不満があった。しかし、パーク・アンド・ライド用バスは、傾斜地の狭い温泉街路を運行するため、小型バスに限定される。こうした小型バスは、ホテル・旅館で既にかなりの台数を送迎用に保有しており、その活用を図ればよい。

無料シャトルバスが、総合観光案内所に併設された大駐車場から温泉街を、乗り降り自由で各ホテル・旅館を結んでも、30分以内で一周できる。つまり、1台で1時間に2周することが可能となる。そのため、バスが50台あれば、繁忙時には1～2分おきに運行でき、閑散期でも5分ごとに随時運行が可能となる。また、水沢観音や榛名湖方面への郊外ルートも、昼間時間帯には一定間隔で運行できよう(図4-2)。

現在、伊香保の大規模ホテルでは小型送迎バスを10台前後、中規模のホテル・旅館でも3～4台を保有する。そのため、57軒のホテル・旅館が所有する送迎用小型バスは、合計すると数百台になる。送迎バスを保有しない小規模旅館を除き、各ホテル・旅館が1台ずつパーク・アンド・ライド用バスを共同運行用に提供するだけで、50台のバスが運用できる。

数分おきにパーク・アンド・ライド用バスが巡回することで、従来型の送迎

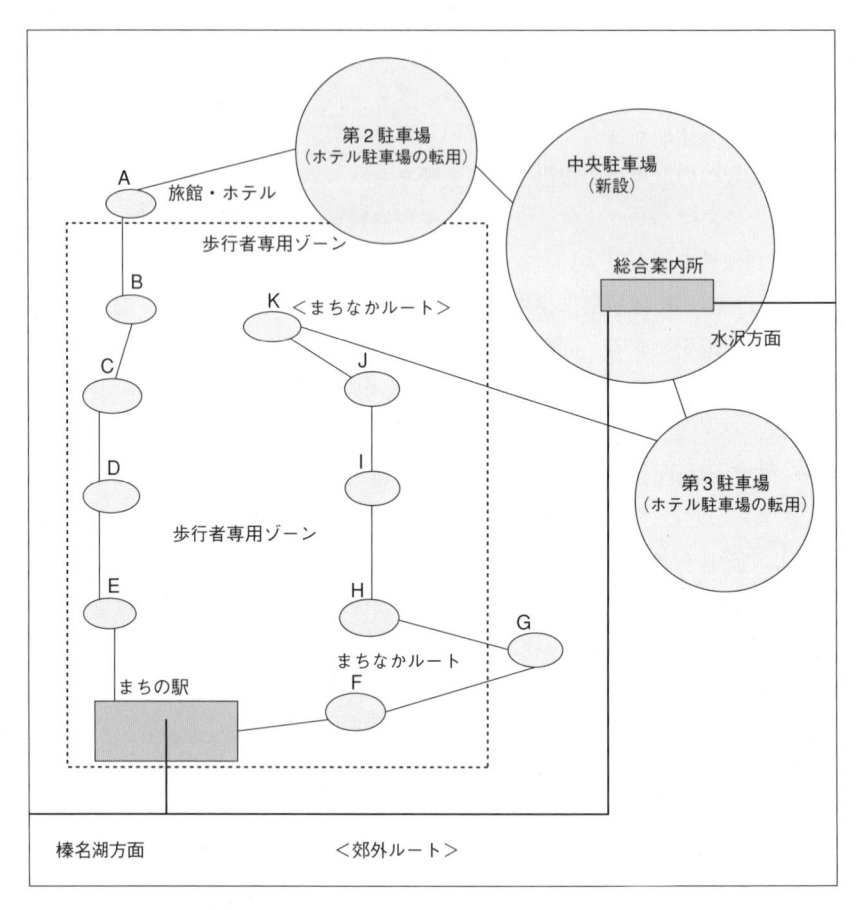

図4-2　伊香保パーク・アンド・ライド・システムのイメージ図（戸所　隆原図）

　バスの運行は障害者の送迎など特別な場合を除いて廃止することができよう。それは、バスと運転手を提供しても、車輌運用効率はかなり向上し、温泉街を走る車輌の絶対量も減少させることができる。なお、何分ヘッドでどのようなルートでバスを運行するかは、柔軟に対応すればよい。また、大型観光バスの場合、直接ホテルに接近できる条件を満たすところを除いて、臨時の無料シャトル便で対応できる。
　観光客は大きな荷物を持った状態では、自家用車によるホテル・旅館への直接アクセスを要望する。しかし、大きな荷物がなければ、歩いて楽しみたい個

人客が多くなっている。自由に乗り降りできる無料シャトルバスを随時運行することで、温泉街を走る車輌の絶対量を減少させ、温泉街を歩いて楽しむ人も増加できるであろう。

(4) 地域交通管理運営会社と持株会社の設立

団体客から個人客へと客層が変化する伊香保温泉街において、歩いて楽しい温泉街づくりは緊要の課題であり、温泉街の車輌通行量を大幅に減少させなければならない。それには温泉街への来街車輌の進入規制とともに送迎バスや物品配送車等業務用車の減少が求められる。既述のようにパーク・アンド・ライド・システムの導入は、来街車輌の進入規制と送迎バスの減少に効果を発揮すると考えられる。しかし、その本格的導入には、伊香保温泉街に関係するホテル・旅館をはじめとする官民の諸機関が協調し、地域交通全体を管理運営する機関の構築が不可欠となる。

パーク・アンド・ライドに必要となる施設等は、財政負担を考慮すれば、新たに新設すべき中央駐車場を除いてホテル・旅館の保有する駐車場と小型送迎バスを活用する必要がある。それ等の施設等と既存駐車場で不要となるものに関しては、所有権を従前通りとしつつも使用形態は温泉街全体の利便性向上のために一体的に管理運営すべきである。それを実現するため、バスや駐車場等の出資比率に応じた持ち株会社を設立し、その下に総合案内所を含め一体的にパーク・アンド・ライド・システムを管理運営する会社を設立することを提案した。

パーク・アンド・ライド・システムは、初めての来街者にも判りやすくしなければならない。そのためのサイン計画は、街並み景観形成と一体的に策定し、実施する必要がある。また、伊香保温泉街を判りやすい構造に再構築すべきである。それには様々な施設を利用しやすくするための設備と十分な広報が不可欠となる。また、大型ホテルの宿泊客が一時に集中して移動する際も、管理運営会社が一括手配するシステム構築も可能である。新設会社はこうした事業をはじめ、前述の狭域限定FM放送システムなど様々な事業にも協調できる体制が望ましい。

## 6. 再生方策を活かす努力と実績

　伊香保温泉は坂の街で、歩きにくいとの声が多い。しかし、問題は坂だけでなく、総合的な交通政策の問題があった。観光客の車が狭い街路に迷い込み、立ち往生して通行を妨げることも多く、こうした問題は伊香保に限らず、日本の伝統的温泉街に共通することである。

　観光客の多くは、自動車を排除した歩いて楽しい温泉街形成を望んでいる。その手段として、パーク・アンド・ライドを支持する声が多い。また、①温泉中心街の活性化、②美しい景観形成（統一感のある建物構造と色調など）、③迷わずに目的地へ行けるサイン・システムの構築、④適当な間隔での休憩所の設置、⑤雰囲気の良い喫茶店やレストランなど飲食施設の充実、⑥景観に配慮したコンビニエンス・ストアの立地などを望んでいる。こうした調査研究結果を地域社会の人々と行政に提言し、議論する中で官民協働の様々な組織が発足・活動し、徐々にではあるが再生に向かって動き出している。

　伝統的な赤茶けた色の伊香保の湯である「黄金の湯」に対して、新たな泉源の開発で透明の「白銀の湯」の配湯をすることで豊かな湯量を確保した。また、石段街の延長と広場の増設計画も実現する。さらに、完全なパーク・アンド・ライド・システムではないが、温泉街のシャトルバスの運行も始まり、上記の①～⑥に関しても実現への努力が行われている（**写真4-8**）。

　地域づくりをするためには政策立案が欠かせない。政策立案にはその地域が抱える問題発見をしなければならない。それには現実の地域像を十分に認知し、理想的な地域像を描いてみる必要がある。そして現実と理想とのギャップを見いだす中で、その地域が抱える問題点を発見・摘出する。次に、その問題がどんな理由で生じているのかを調査分析し、問題解決のための課題設定を行い、問題

**写真4-8　伊香保タウンバス**

解決のために最も効果的な手法を導入すべく政策立案を図る。そうした政策の可否は意思決定機関で審議され、可決されれば執行される。その政策の結果や効果は、多くの人々に評価され、また新たな地域問題の発見へと繋がっていく。地域政策の立案過程は、以上のように問題発見－問題分析－課題設定－政策立案－政策決定－政策執行－政策評価－問題発見という循環システム(本書14頁参照)にあるが、伊香保の地域再生は、そうした過程を踏みながら市民を中心に官民協働の努力で一歩一歩実現しつつあるといえる。

〈注〉

1) 戸所　隆：「循環共生型国土構造・都市社会の構築」、高崎経済大学産業研究所編『循環共生社会と地域づくり』、日本経済評論社、pp. 42-63、2005年
2) 調査の実施体制と実施日：調査は「のど自慢」「歌謡ショウ」と「伊香保ハワイアン・フェスティバル2005」の際に、誘導された温泉街周辺の大規模駐車場に自家用車を駐車し、駐車場・イベント会場間の無料シャトルバスに乗車した自家用車客を主な対象とした。「のど自慢」は2005年7月3日(日)に開催された素人のど自慢大会で、「歌謡ショウ」は翌7月4日(月)の「旅の日」に6名のプロ歌手が出演したアトラクションで、NHK・FMで放送された。また、「伊香保ハワイアン・フェスティバル2005」は8月1日(月)～4日(木)に行われた。この催しは、伊香保にハワイ王国時代に公使別荘があった縁で伊香保町とハワイとの姉妹都市締結を記念して毎年開催されており、全国からフラダンス愛好者が5000人以上伊香保に集まり、演技を競う。また夜にはハワイのフェスティバルで一位になった本場の演技がみられ、伊香保エリアに多額の経済効果をもたらす。

　　調査は、無料駐車場・無料小型シャトルバス利用者とともに、バス未利用客へも街頭面接アンケート方式で、著者を中心に高崎経済大学の都市地理学・都市政策研究室の学生が実施した。「のど自慢・旅の日」の有効回答数は、無料小型シャトルバス利用客から120、バスを未利用客から426、合計546のサンプルを得た。また、「ハワイアン・フェスティバル」での有効回答数は、無料小型シャトルバス利用客から224、バス未利用客から569、合計793サンプルを得ている。

# 第 2 部

# 門前集落の再生と創生

# 第5章
# 変革期における榛名神社・社家町の再生戦略

## 1. 榛名神社・社家町を取り巻く環境変化

　榛名神社は群馬県の中央部に聳える上毛三山の一つ榛名山（標高 1,448 m）の南斜面、標高 900 m の所に鎮座する（**写真 5-1**）（旧群馬郡榛名町・2006 年 10 月に高崎市と合併）。また、榛名神社の門前町である社家町は、本殿から木立に囲まれた榛名川の清流に沿う参道を約 550 m 下った標高約 820 m の位置にある。

　社家町は JR 高崎駅・前橋駅から共に直線で約 20 km、自動車で約 1 時間の距離である。また、長野新幹線・安中榛名駅からは直線距離で約 10 km と近く、榛名山東斜面の伊香保温泉には自動車で榛名湖経由約 25 分で結ばれる。榛名神社へは自家用車での来訪者が圧倒的に多いが、乗合バスも高崎駅－榛名湖に 1 時間ごとに運行されている（**図 5-1**）。

　宿坊や土産物店・食堂などが並ぶ社家町（**写真 5-2**）は、神官、宿坊経営者、土産物・食堂経営者などの居住地でもあり、県道安中榛名湖線沿いと歴史民俗

写真 5-1　榛名神社本殿　　　　　写真 5-2　榛名神社の門前町・社家町

第5章　変革期における榛名神社・社家町の再生戦略

図 5-1　榛名神社の位置図（1／10,000 都市計画図を改変）

資料館から神社に向かう参道に形成された。2003年現在、46棟の建物が有り、24世帯63名が生活する。現存する宿坊数は13、店舗は12で、店舗の約半数は宿坊の営業である。他に、簡易郵便局と高崎市立歴史民俗資料館があるが、第四小学校は児童数の減少で2004年に百年の歴史を閉じた。社家町は周囲に農地を持たない都市的小集落で、広い世界観を持つ高学歴者が多い。なお、宿坊のうち5棟は、2005年に国指定の登録有形文化財になった。

榛名神社は約1400年前に建立された延喜式内社で、上野十二社の一つである。五穀豊穣と国の安寧を願う農業神で、本殿・幣殿・拝殿・国祖殿・額殿、神楽殿、双龍門、神幸殿、随神門(旧仁王門)等は、2005年に国の重要文化財に指定された。また、神社に近い石段脇にある矢立杉は、約440年前、武田信玄

写真 5-3　武田信玄・戦勝祈願の矢立杉（樹齢約千年の国指定史跡天然記念物）

図 5-2　「新そば祭り」のチラシ

が箕輪城攻略に際し矢を立て、戦勝祈願したいわれを持つ樹齢約 1,000 年の杉の巨木で、国指定史跡天然記念物である（写真 5-3）。なお、現在の榛名神社神域には明治初年まで神社の他に仏教寺院の大伽藍が存在した。こうした神仏混淆の状態は、明治初年の廃仏毀釈など政府の神道優遇政策によって神社は継続されたものの、仏教寺院は廃棄され、現存する寺院建築は山門（随神門）と参道中間にある三重の塔のみである。なお、参道沿いには伽藍の礎石が随所に残っている。

山門（随神門）（写真 5-4）から本殿に至る約 700 m の長い参道は、心を洗われるすばらしい景観である。また、神社の本殿及びその周辺には奇岩と杉の巨木が聳え、神域全体が多彩な樹木、川のせせらぎに囲まれた別世界・幽玄の杜となっている。明治初年までの農業中心時代には、関東一円から多数の農民が榛名講をつくり参拝に来た。そのため、当時の門前社家町には 100 近い宿坊（写真 5-5）が軒を並べ、繁栄を極めていた。

農業社会から工業社会への変化で、参詣人は次第に減少した。しかし、農業社会的性格を持つ日本の中小企業には社内に講を作るところも多く、日本型工業社会特有の団体旅行によって、広域から一定の参拝者を集めていた。

しかし、講（写真 5-6）や特定団体客によって継続的に参詣人を確保してきた

写真 5-4　神仏混淆寺院の面影を残す山門(随神門)

写真 5-5　門前社家町の宿坊・般若坊

写真 5-6　宿坊・般若坊に掲げられた講による奉納

　榛名神社及び社家町も、1980 年代に始まる知識情報化社会への転換によって、質的な変化を迫られた。すなわち、農業神としての榛名神社の社会的存在価値は低下し、参詣目的は信仰から非日常性を楽しむ観光に重点が移った。しかも、終身雇用・年功序列・家族的組織人間関係を基本とした日本型工業社会は崩壊し、その象徴的存在であった講的組織や組合が弱体化した。その結果、団体旅行は急減して個人や小グループによるテーマ型観光に変化してきている。

　知識情報化社会では工業化社会の"もの"づくりに加え"時間"づくりが重要となり、サービスの時代へと変化した。そうした中で、自己実現を求め異文化社会との接触を楽しむ個人が増加し、団体旅行で繁栄した画一的な大規模観光地は衰退し、地域資源を活かした個性豊かな小規模観光地が活性化している。榛名神社社家町も、こうした時代の流れの中で、消滅か再生かの岐路に立たされているといえる。

## 2. 榛名神社・社家町再生の課題

　榛名神社への参詣者や観光客は、今日でも年間30万人を数える。しかし、社家町への経済効果は非常に小さい。従来型の集落経営では、榛名神社への参詣者や観光客によってのみ成り立つ中山間地の小規模都市的集落は、衰退の一途をたどるだけである。現に60人強しかいない住民の70％以上が65歳以上の高齢者で、今日の社家町は人口減少の著しい限界集落といえる。社家町の立地状況は上下5kmほどの間に人家のない独立した街村形態にある。それだけに、このまま何もしなければ、あと十年ほどで集落崩壊になるであろう。

　しかし、榛名神社社家町を限界集落として崩壊させることは将来に大きな禍根を残すであろう。前述のように榛名神社は約1400年前に建立された延喜式内社で、本殿をはじめほとんどの建造物が国の重要文化財である。また周囲にも多くの文化財や天然記念物、そしてすばらしい自然環境や文化景観が存在する。日本の自然景観は多くの場合、人間の行為によって創り出されたものが多く、人と自然の共棲の賜といえる。これらを長年に渡り保存・維持してきたのは社家町の人々である。その人たちがいなくなれば、文化財も自然景観もあっという間に崩壊するであろう。それを避けるべく、行政機関がその保存・維持に当たれば、山間僻地であるが故に莫大な費用を必要とする。現実には現状と同様な維持管理は、いかに資金を使っても無理といえよう。

　貴重な文化遺産と自然景観を今日まで信仰の対象として維持してきたのは、社家町の人々であり、その生活を支えたのが榛名講などの参拝者である。基本的に農林業を営まない社家町の人々が社家町での生活を持続的に発展させるには、榛名神社への参拝者・観光客を活かした榛名神社・社家町の再生計画が不可欠になる。そのためには、4つの課題を克服する必要がある。第一の課題はこの地域の人々が講・特定団体客依存から多様な個人のニーズに対応できる個性的な観光集落へ転換するための意識改革を共有することである。

　第二の課題は30万人の榛名神社参詣者や観光客をいかに門前町である社家町の顧客にするかである。参詣者・観光客30万人は一日あたりにして830人の来訪者になる。店舗数12の社家町では一店舗あたり約70人/日の顧客可能

性がある。これだけの顧客可能性があれば、充分に経営は成り立つが、現実は神社には来るが店舗は素通りが多い。この改善が課題となる。

第三の課題は参詣者や観光客をいかに増加させるかである。榛名神社は建物も参道もすばらしく、来訪者の満足度はアンケート調査結果[1]を見ても極めて高い。しかし、そのすばらしさが十分に社会に認知されていない。また、榛名神社・社家町には神社以外にも来訪者を満足させる地域資源があるにもかかわらず、それ等が十分に活かされていない。そのため、広報や地域資源の発掘・活用を図り、来訪者を増加させると共に、この地域での滞在時間を延長する政策が必要となる。

第四の課題は、若い人々が社家町で新たな生活の糧を得られるようにし、いかに社家町を支える人口を増加させるかである。いくら良い地域資源があっても、来訪者・顧客が増加しても、その受入体制がなければ地域は衰退する。そのためには、顧客ニーズに的確に対応できる若い人材が必要となる。既存の住民の直系だけでなく、榛名神社社家町に魅力を感じ、そこでの可能性にかけて事業展開を試みる人材の流入も欠かせない。それを可能にする環境整備が課題である。

世界的に著名なフランスのヴァイオリニストで、東京藝術大学客員教授のジェラール・プーレが、2006年夏に榛名神社を参拝した。荘厳なたたずまいの神域に感動したジェラール・プーレは2006年10月、神楽殿にて無料の独奏会を催し、東京からも多くの聴衆を集めている。こうした出来事も榛名神社のすばらしさを物語るものである。

以上の課題克服は、山間部の都市的小集落がこの変革期にいかに再生するかの挑戦となろう。同時に、地域資源を活かして新たな観光集落を創生することにもなる。

## 3. 町役場主導による再生計画の初期始動

時代の変化に対応した地域政策を確立するために旧群馬郡榛名町は、2002年度に(財)広域関東圏産業活性化センターの協力を得て「はるな　果樹あるTOWN振興計画」策定事業を実施した。この事業は東日本一の梅林やプラム・

梨など果樹や多彩な地域資源・地場産業を榛名町の地域活性化に結びつけ、知識情報社会に対応した活力ある榛名町を創造するために総合的な産業振興ビジョン・観光振興計画の策定であった。この計画策定に著者は委員長として係わったが、その中で総合的・広域的な視点から、前述の4つの課題を解決すべく、榛名神社及び社家町に関して次の提言をした[2]。

　榛名神社は市街地から離れた深山に位置し、その門前にある社家町は神官宅や五穀豊穣を願う農民参拝者を宿泊接待した宿坊からなる小規模都市的集落である。修験者の修行の場でもあった榛名神社の周囲の地形等自然環境には厳しいものがあり、社家町付近で農業はできない。そのため、産業構造の転換による農業従事者の減少で関東一円に存在した榛名講及びその構成員も大幅に減少したが、その減少はその人々に依存してきた榛名神社・社家町の衰退に直結する。現に2002年当時の社家町は、相当疲弊しており、多くの関係者が社家町の将来に相当の不安を抱えていた。

　そこで、地域外の目で見て榛名神社・社家町の歴史文化的価値の高さと自然環境のすばらしさを指摘し、その観光的価値の高さを評価した。その上で、榛名神社・社家町の衰退を避けるために、従来の宗教的な文化に観光資源性を加え、新たな参拝者・来訪者を誘引する必要性を強調した。また再生策として、榛名町の中心街から榛名神社・社家町経由で榛名湖・榛名山頂に通じる県道の整備、榛名神社への参道整備、一之鳥居の建立、社家町の再生、観光客用駐車場の整備に関する基本的な考えと具体的な展開方向を詳細に提言している。

　「はるな　果樹あるTOWN振興計画」では、以上の提言をたたき台に地区住民と神社、榛名観光協会榛名神社支部関係者が一体となって議論を行い、事業を推進するために、「活性化委員会」の設置を提案した。また、宿坊の文化的価値と保全活用を図るために「町並み資源調査」の実施と、来訪者から要望の強い駐車場整備、それに榛名湖や伊香保温泉に向かう人々に榛名神社の存在を認知させるために一之鳥居の建立を強く促している。

　以上のような提言を行っても、それを実現すべく直ぐに行動を開始するところは少ない。しかし、榛名町役場企画商観課の課長と課員は町長の了承のもと、この一連の提言を直ぐに実施に移すべく行動を起こした。すなわち、企画商観課長と課員は社家町の再生計画の策定とその支援組織立ち上げ資金を得る

ため、群馬県の「まちうち再生総合支援事業」の認可申請を行った。同時に多彩なメンバーからなる「社家町活性化委員会」の発足させ、活動を開始したのである。

## 4. 社家町活性化委員会(杜の応援団)設置と広報活動の開始

### (1) 地域・町衆・支援者の三位一体型組織づくり

分権化する知識情報社会において地域資源を活用した地域再生戦略を策定・実施するには、その地域に生活する時空間的に広い知識と経験を持つ"人"の存在が欠かせない。著者は京都を中心に約30年間、まちづくりや地域計画の研究や計画策定に係わり、「町衆」の重要性を認識した。建都1200年の間、持続的発展をしてきた京都の強さの秘密は「町衆」の存在にあり、京都のまちづくりに学ぶべきものと思っている。

まちづくりには住民に信頼されるリーダーが必要で、町衆はその人材でもある。しかし、地域住民だけでは些細なことから利害対立が生じ、本来の目的を達成できないことが多い。その時キーパーソンになれるのが、地域住民の視点で熱心に立案推進にあたる自治体職員である。また、広い視野から客観的に当該地域を見ることのできる大学やシンクタンクなどの専門的知織集団・支援者が必要となる。すなわち、地域づくり再生戦略の主体は町衆であるものの、それだけでは上手く行かない。地域という舞台の上で、町衆(地域のリーダー)と自治体職員、外部支援者が上下関係なく三位一体となって交流し、活性化への推進力を高める必要がある。

榛名神社・社家町の場合、町衆と熱心な自治体職員の存在が、他地域から多くの支援者を吸引した。すなわち、歴史文化的に貴重な榛名神社・社家町が衰退しつつあることを町の広報紙と県内で最も購読者の多い地方紙に掲載し、その再生を図る「社家町活性化委員会」の委員募集を行った。無償の委員募集にもかかわらず、群馬県全域から建築家・歴史研究者・文化財保護関係者・そば打ち名人など多彩な人材の応募があり、総勢29人からなる「社家町活性化委員会」が2003年6月に発足した。委員会の構成は会長に当時の榛名町長が着き、委員長1人(著者)、地元選出委員8人、公募委員11人、行政関係者(事務局)

8名である。

その結果、榛名神社・社家町を舞台に、「社家町活性化委員会」が推進力となって、その後の社家町再生・創生への活動が始まった。またこの委員会の活動によって、第一の課題である講や特定団体客依存から多様な個人ニーズに対応できる個性的な観光集落へ転換するための意識改革も進展した。

### (2) 「幽玄の杜音楽会」の開催

榛名神社・社家町への参拝者・観光客を増加させるには、すばらしい自然景観や文化景観とその価値、地域の魅力を多くの人々に認知させる戦略的政策が必要となる。地域の認知力を高める基本は口コミであり、それには先ず榛名神社・社家町に近い地域の人々が、その価値を認識する必要がある。かかる視点から国の重要文化財・榛名神社神楽殿で2002年より始めたプロのクラシックとジャズによる「幽玄の杜音楽会」(**写真5-7**)は、社家町活性化のシンボル的事業であり、核的存在となった[3]。

荘厳なたたずまいの神域での演奏は、クラシックやジャズなどのジャンルを問わず、人々を魅了した。特に、夕暮れから始まる夜の部では、春の新緑や秋の紅葉の中にライトアップされた神楽殿が浮かび上がり、他では味わえない「幽玄の杜音楽会」となる。

この音楽会の開催を可能にしたのは、社家町の町衆の努力はもちろん、旧榛名町役場担当者の昼夜を問わない献身的な努力と人柄の賜である。この担当者を中心に、2002年に始めたが、大きな反響を呼び、地元民の活性化への気運を高めるきっかけとなった。2003年以降は社家町活性化委員会の事業の一環として群馬県の「まちうち再生総合支援事業」の補助金を得ることができ、継続的に開催してきている。その結果「幽玄の杜音楽会」は、地域という舞台・町衆・支援者(社家町活性化委員・行政担当者)が

**写真5-7** 榛名神社神楽殿における幽玄の杜音楽会

三位一体化した榛名神社・社家町の新たな伝統行事となった(詳細は6章)。

## 5. 社家町活性化委員会3分科会の成果

　社家町活性化委員会は第1回を2003年6月に開き、著者が委員長となり「時代の変化と地域資源を生かした観光まちづくり」と題する講演を行い、委員会の方向づけをした。そこでは、榛名町・榛名神社社家町の地理的・歴史的特性、新しい地域発展パラダイムを必要とする時代の転換期、これからの地域づくり・観光地形成の方向性、戦略的シナリオを必要とする変革期の観光政策、地域づくりの基本、榛名神社・社家町再生への提案などを示した。

　その後、委員会はこの講演を基に全体会議で、榛名神社・社家町の目指すべき方向性と将来像を議論した。この議論で導き出された将来像は、「榛名神社と社家町で培ってきた宗教的文化に観光資源性(歴史的文化、自然性、芸術、食文化)を加えるとともに、各々の独自な文化に異なった文化を融合させた、他にはない新しい文化を創造し、榛名神社と社家町を一体的で魅力ある観光地に創りあげる」[4]である。榛名神社と社家町は、神社とその門前町として切っても切れない関係にあるため、一体として捉えることにした。

　次に神社の良いところ・悪いところ、社家町の良いところ・悪いところを対外的なアンケートも含め徹底的に摘出した。その上で長所を伸ばし短所を補う中で榛名神社・社家町の将来像を実現するべく、榛名神社・社家町の長所・短所を調査分析し、将来像実現に必要な政策課題を全体会議で設定することができた。さらにその政策課題を分類し、「人々の散策を誘うまち部会」「歴史的文化が漂うまち部会」「食文化と芸術の薫り高いまち部会」の3つの部会に分かれてさらに詳細に検討し、できるところから活性化に向けて具体的に取り組むことにした。以下、『榛名神社・社家町再生計画報告書』に基づき、各部会の役割とその成果を見てみたい。

### (1) 人々の散策を誘うまち部会(散策部会)

　「人々の散策を誘うまち部会」の到達目的は、社家町や神域を参詣者と観光客が快適に散策できる環境づくりである。そのため具体的テーマとして、①広い

駐車場の設置、②景観・環境条例の制定、③社家町の演出、④参道中腹の売店周辺における休憩所整備、⑤参道と自然歩道を回遊できる仕組み、⑥榛名川沿いを紅葉の名所するための植樹と演出方法などが検討された。

写真5-8　空きスペース共同利用による駐車可能台数の増加

①大型観光バス複数台と多数の自家用車を同時駐車できる広い駐車場の設置は、公共交通機関の不便な山間部において顧客を確保するためには不可欠となる。同時にその設置位置が地域の有り様を大きく変える。社家町入口付近に広い駐車場を設置することで、参拝者・観光客が社家町を歩かざるを得ないようにし、買い物や食事を楽しみながら榛名神社の情報も得易くするためのものがある。

地形の厳しい山間部に広い駐車場を整備するには様々な障壁がある。そのため、社家町入口付近での広い駐車場設置はまだ実現していないが、そのための話し合いを進める中で、既存の空きスペースの活用や共同利用などが行われるようになり、駐車可能台数を増加させることができた（写真5-8）。

②景観・環境条例の制定は、モータリゼーションの進展で多くの宿坊が売店や食堂に転換する際、建物が造り替えられ門前町の景観が失われてきた現状を、あるべき街並みに修景するため、統一的な建物素材と色彩、及び看板等に誘導する条例及び協定の制定を計画するものである。

部会で構造物の色彩は黒、白、こげ茶を基調とするなど一定の基準を決めたものの、条例及び協定の制定には至っていない。しかし、現実の街並み整備には部会の考え・意向が活かされて門前町の景観を取り戻しつつある。また、2009年に策定された高崎市景観計画においても、「榛名神社と門前町である社家町のまちなみを生かしたまちづくりを進めます」と記載された。

③社家町の演出は、参拝者・観光客に社家町を楽しく散策してもらうためである。社家町には空き店舗や統一感のない看板が煩雑に掲げられ、寂れたイメージが漂っていた。また、単調で長く急な坂道が続くだけで、楽しく散策で

第5章　変革期における榛名神社・社家町の再生戦略

写真 5-9　屋号を記した全戸統一看板の設置

きる雰囲気になっていなかったため、その改善を目指すものである。社家町の演出に関しては、先ず各種の祭礼の際に住民のボランティアにより統一的なぼんぼりが設置された。これにより街並みの雰囲気が大きく変化したことを確認した住民は、活性化委員会からの板製和風統一看板を設置するという提案を受け入れることになった。その結果、

写真 5-10　縁結びに役立つ水琴窟・水飲み場・おみくじコーナー

2006年に屋号を記した全戸統一のすばらしい看板が設置され、門前町に相応しい景観に一歩前進させることができた（**写真 5-9**）。

④〜⑥は、榛名神社境内における環境整備である。神社の参道は長く傾斜もきついが、杉の巨木や奇岩に覆われ、参道下には榛名川の清流もある。来訪者がこうした荘厳で野趣あふれる景観を、楽しく散策できる演出を考えねばならない。そのためには、参道中腹の売店を茶屋のように変え、その周辺の休憩所整備や回遊システム、紅葉の名所化などが考えられた。

こうした議論の結果、地域の人々は参道沿いの樹木の枝打ち・間伐を行い、

木漏れ日の美しい参道にした。また、売店周辺に水琴窟と水飲み場・おみくじコーナーを設置し、水が奏でる音を聴きながら若い男女の縁結びに役立つ仕掛けなど、楽しく休憩できる場所となった(**写真5-10**)。さらに、参道下の榛名川沿いに地元住民のボランティア活動で楓の植樹が毎年行われるようになり、紅葉の名所づくりも始動した。

### (2) 歴史的文化が漂うまち部会(建物部会)

「歴史的文化が漂うまち部会」の到達目標は、地域で培ってきた文化や歴史的建物(榛名神社建物群・宿坊)の保存と利活用によるまちづくりであり、その実現方策の提示である。主な検討事項は、①歴史的建物(神社・宿坊)の国の文化財登録、②住民の合意によるまちづくり協定・土地利用規制による景観形成、③歴史的建物(神社・宿坊)及び歴史民俗資料館の利活用、④空き店舗の利活用、④第4小学校廃校の利活用、⑤電柱の地中化・街並みにあう街路灯の設置、⑥榛名神社社家町のサイン計画の樹立である。

建物の規制・誘導は、建築基準法及び都市計画法に基づく「地区計画」、「建築協定」、「個別の条例等」が考えられる。しかし、現状では遊戯施設、風俗関係施設の立地はあり得ないため、建物部会が将来を踏まえた建物の規制・誘導案を提示し、当面はそれを努力目標としての申し合わせ事項とした。

社家町では後継者不足や廃業により空き店舗が目立っていた。そこで2004度から3年計画で、空き店舗3棟が建物部会の申し合わせ事項に沿った色彩・資材等によって改修され、新規参入者の募集を行った。また、改修された空き店舗には、活性化委員会の検討結果を受けて無料の休憩所・観光案内所と豆腐店や甘味処が整備された(**写真5-11**)。さらに、建築や文化財関係の専門家からなる社家町活性化委員の尽力により、榛名神社本殿や神楽殿など神社のほとんどの建物が、2005年に国の重要文化財(**写真5-12**)に、社家町に残存する歴史的建物(般若坊、善徳坊、本坊)が国の登録有形文化財(**写真5-13**)に指定された。さらに、街並み景観を統一するため、宿坊の町に合う板塀と門のあるかつての街並み景観に誘導しつつある(**写真5-14**)。

歴史的建物(神社・宿坊)及び歴史民俗資料館の利活用は緊要の課題となっている。宿坊の素晴らしさを多くの人々が認知するには、榛名講の人達だけでな

第5章　変革期における榛名神社・社家町の再生戦略

写真 5-11　空き店舗改修後の無料休憩所・観光案内所・豆腐店・甘味処

写真 5-12　2005 年に国の重要文化財指定を受けた榛名神社の建物群

写真 5-13　2005 年に国の登録有形文化財指定を受けた善徳坊

写真 5-14　新しい板塀と板塀づくりに協力する宮大工・小倉氏

く一般観光客にも開放し、利活用を考えねばならない。幽玄の杜音楽会での榛名神社神楽殿のように音楽会、寄席、お茶会等に活用、様々な利用を考えることで、自然なかたちで社家町の歴史的価値のある建物や文化に触れてもらうことができる。また、歴史民俗資料館は資料館としての活用だけでなく、企画展示室では地域文化に関係する写真、絵画、俳句等の企画展示を常時開催し、研修室では蕎麦打ち・藍染め等の体験施設とするなど、魅力ある施設空間として利活用する必要がある。

　なお、電柱の地中化は資金面から難しくなっているが、街並みにあう街路灯の設置は 2009 年度事業として実施された。また、榛名神社社家町のサイン計画も進行中である。

### (3) 食文化と芸術の薫り高いまち部会(食部会)

「食文化と芸術の薫り高いまち部会」の到達目標は、地域の歴史・文化を活かした①郷土料理や伝統料理による食文化の充実、②芸術家を集めるための環境(題材、発表の場)づくり、③芸術鑑賞の場としての環境づくり(音楽会や神楽の上演)であり、その実現方策の策定である。

かつて宿坊では「榛名講」の人達をもてなす宿坊料理(講料理)が振る舞われていた。現在も代参講にその流れを汲んだ講料理が出されるが、一般観光客の口にはほとんど入らない。そのため食文化の薫り高いまちづくりとしては、講料理の定義を決め、講料理を一般観光客にも提供する予約制名物料理として広報し、観光客誘致を図ることが提案された。また、講料理の一つとして蕎麦が出されており、「門前そば」として新たな名物に仕立て、蕎麦に合う酒の開発で、蕎麦と酒の相乗効果による観光客増加策を検討した。

榛名神社及びその周辺の景観は、江戸時代の浮世絵師・歌川広重の題材になったほどの絶景である。そのため芸術の薫り高いまちづくりとしては、画家や写真家の題材となる景観づくりを進め、社務所、宿坊、歴史民俗資料館等を発表の場に利活用する。さらに、特定の芸術家を育成する教育システムの構築なども検討した。

食文化の再生に関して、「門前そば」は各店舗の連携と自助努力によって着実に存在感を高めつつある。すなわち、「門前そば」の蕎麦粉は契約栽培による地場産を使用するなど「門前そば」を定義した。榛名神社近くの農家と契約栽培することで、地域農業の振興にも結びつく。また、蕎麦の播種・収穫時には榛名神社の宮司が祈祷する。そうした状況を写真等で広報することで「門前そば」の付加価値を高めている。さらに、蕎麦の花を社家町およびその周辺に咲かせたり、2006年には挽きたてのそば粉を使えるようにそば製粉所を開設(**写真5-15**)、晩秋に「新そば祭り」を開催して収穫したての門前そばを提供するなど蕎麦の里づくりに努力しつつある。

蕎麦好きには酒好きが多く、かつては蕎麦をつまみに酒を飲むのが一般化していた。そこで、社家町でしか飲めない買えない地域限定の蕎麦好きのためのこだわりの酒を開発し、蕎麦と酒をセットにした広報で蕎麦通・酒通の誘客を行なうこととした。具体的には、近隣の小規模ながら味に定評のある酒造会社

第 5 章　変革期における榛名神社・社家町の再生戦略　　　　　　　　*121*

写真 5-15　地場産蕎麦を碾く「門前そば」製粉所　　写真 5-16　「門前そば」に合う酒「神楽泉」の選定会

の協力により、蕎麦に合う酒を開発し、その名称は全国から応募のあった中から、榛名神社の「神代神楽」に因んで「神楽泉」と命名された（**写真 5-16**）。

　芸術家を育成する教育システムの構築は、その基盤を持たずには立ち上げられない。そのため、幽玄の杜音楽会や榛名神社の神代神楽の上演を継続的に実施することで、芸術鑑賞の場としての環境づくりが行われている。榛名神社の神代神楽は、群馬県の伝統文化を代表する重要無形文化財である。神事としての上演は年数回にすぎないため、一般観光客の鑑賞機会が少ない。そこで伝統文化の継承も兼ねて神代神楽の定期的な上演を目指している。なお、芸術鑑賞の会場として神楽殿をはじめ、社務所や宿坊が会場として利用できる。社務所2階は 100 人程度の収容能力をもち、窓越の自然が素晴らしい。また、宿坊ではこぢんまりとした異空間の中で芸術を楽しみながら、文化財としても貴重な建物や調度品が拝観できる。

## 6. 学生による活動と新たな展開

　空き店舗の改修改築に合わせ、社家町のほぼ中央部に無料の休憩所・観光案内所が設置され、「門前仲まち」と命名された。しかし、観光案内所が設置されたものの、観光案内所に専任の職員を配置することは人的にも財政的にも難しい。また、幽玄の杜音楽会や新そば祭など距離にして 1km 強の空間に多くの来訪者を受け入れる行事に際しては、高齢化の進む常住人口 60 人ほどの社家

写真5-17 戸所ゼミ所属学生がボラティア運営する観光案内所

写真5-18 学生が地域の人達と復元した駕籠

町では役所から数名の応援があっても、実施は難しい。そこで基本的に高崎経済大学の著者のゼミ所属学生30名ほどが、3年生を中心に地域政策・地域づくり研究を兼ねて、観光案内所の運営と様々な人的支援にあたっている(**写真5-17**)。

　第一年度の2005年には、大学院博士前期課程の学生が榛名神社・社家町の再生を修士論文のテーマに研究しながら、観光案内等も行なった。この大学院生は、先ず『小さな町の大きな挑戦』というブログを立ち上げて活動を始めたが、最初のブログで次のように書いている。"町を活気づけるために、何かやろうとなったが、町には若い労働力が足らない。そこで私(たち)が手伝うことになった。主な仕事は、町と貴重な文化財を広報することで、地域の行事にも参加し、企画も行い、それらを通じて現場感覚で「地域活性化」研究を行いたい"。この大学院生は榛名神社・社家町での一年間の研究を修士論文にまとめ、修士となって東京のシンクタンクに勤めた。しかし、就職後も榛名神社と繋がりを深め、関係を継続している。また、地域住民全員に祝福されつつ榛名神社で結婚式も挙げた。

　大学院生と共に学部学生も「幽玄の杜音楽会」や各種イベントに際して、社家町を支援してきた。2005年度の1年間、学生たちは様々な取り組みを試行錯誤で行っている。たとえば、地域の人達と一緒になって神社参詣の際に使用した駕籠を復元し、イベントの際に参詣者への駕籠かきサービスをしたりもした(**写真5-18**)。その結果、小さな社家町ゆえ学生たちとほとんどの住民との

交流が活発となり、信頼を深めることができた。それは地域住民がゼミ生の卒業記念会を開催し、祝福して下さったことに表れている。また、学生たちは卒業後も様々な形で社家町及び地域の人々と絆を深めている。こうした実績を踏まえ、地域にとっても学生にとっても益のある形で恒常的に学生が榛名神社・社家町で活動する環境を整えることとした。具体的には、2006年度から学部3年生全員が門前仲まちの観光案内所の企画運営を榛名町役場（合併後は高崎市榛名支所）の企画・観光担当職員の指導の下で、実践的な地域政策・地域づくりを学ぶ形式にした。大学と榛名神社・社家町の距離は自家用車で約40分、バスで約1時間、料金にして約1000円かかる。そのため毎日の活動は講義時間との関係もあり無理である。そこで学生は通常、土・日を中心に交代で、イベントの際には全員参加で観光案内や様々な支援を行いながら社家町再生と地域政策研究を行っている。

　学生が地域再生に係わることで、新たな動きが見えてきた。その一つは総人口60名ほどの社家町に20名からの若い学生が入り込むことで、かつては不可能であったイベントの開催も可能となった。また、日常的にも、様々な地域住民との触れ合いによって、地域住民が将来への展望を持ち易くなったようである。また、学生も大学で学んだことの実践訓練になると同時に、地域の人たちから指導を受けることで、大学では学べない様々なことを身につけている。

　この様な学生の活動は、少なくともフィールドワークを必要とする学問分野にとっては、大学・地域相互に良い効果を生むと言えよう。ただしこれを恒常的に実施するには、地域の将来像を地域社会・行政・大学関係者が共有し一致して進める体制が不可欠となる。現実に地域社会は日々変化しており、中長期の地域政策は変わらなくとも、短期の地域政策は変化を求められる。そのため、実社会で学生がこうした活動を行うには、地域社会、当該行政機関の協力が前提となる。担当教員はそうした地域社会・行政・大学間の調整に当たらざるを得ない。また、現場での様々なトラブルや事故の危険が存在し、担当教員の負担は相当に重く、大学の理解なしでは務まらないといえよう。

## 7. アンケートから見た来訪者の求める再生方向

### (1) 来訪者の求める整備課題

　学生が社家町を支援する中で、地域再生に資するための榛名神社・社家町来訪者に対する意識調査を2006年以来毎年行っている。一つは「幽玄の杜音楽会」に際して会場で配布回収方式で行い、他の一つは学生が毎年6～11月に観光案内等をする中で、来訪者に面接方式で実施するアンケートである。「幽玄の杜音楽会」のアンケート結果は次の第6章で詳述する。本章では来訪者面接アンケートを中心に来訪者からみた榛名神社・社家町の課題と再生方向を考える。

　「幽玄の杜音楽会」や「門前そば」は概ね好評で、順調にあるべき方向に進んでいる。また、こうした努力によって、榛名神社・社家町への来訪者は増加傾向にある。しかし、来訪者の増加によって、深刻度を増す問題もあれば、新たな問題も惹起している。それらは大きく①広報・案内の充実、②来訪者への基盤整備、③店舗宿泊施設の充実、④交通アクセスの充実に分類できる。

　有効アンケート数は2006年113、2007年192、2008年410で、回答者の男女比は毎年ほぼ同じで、年齢的には10歳代と70歳以上は少なく、20～60歳代はバランス良く来訪している。そうした中で2006年には40～50歳代が約50％を占めていたが、2008年には20～30歳代が約50％を占めるなどやや若い人々が増加傾向にある。なお、70歳以上が少ないのは約700mの参道と石段の多さなどが関係していると思われる。また、一人で来訪する人は約7％と少なく、夫婦が約33％、恋人を含む友人が約40％と多く、団体は約5％に過ぎない。この数字は毎年ほとんど変わらないが、滞在時間に制限がある団体客から調査の協力が得られにくい傾向もある。

### (2) 来訪目的と来訪回数・居住地

　榛名神社・社家町への来訪目的(複数回答)は、信者・観光客を問わず参拝目的が最も多く毎年80％前後になる。次いで、散策が多く2006年には37％、2008年に32％であるが、2007年は22％とやや少ない。第3番目に多い目的は文化財見学で、2007年には28％であるが、2006年は12％、2008年は23％

となっている。他方で、「門前そば」や飲食・買い物は20％前後に過ぎず、社家町への経済効果はまだ少ないといえる。後述するように、自家用車で山門近くまで行き、参拝後また車で社家町を通り過ぎる状況では、来訪者を購買客にすることはできない。来訪者を購買客にするには、社家町の入口付近に駐車し、歩いて社家町を通って神社に行くようにすれば、その間に店舗と商品を認知し、購買意欲がかき立てられることによって、現実の購買行動になるといえる。そのためには新たな駐車場整備とサイン計画が欠かせない。

来訪回数は、初めてとリピーターが半々で、5回以上の来訪者が16％程になる。リピーターが多い要因として、信仰の場として繰り返し来る人と、榛名神社の四季折々の美しい景観に見せられて、来訪する人に大きく分けられる。なお、2008年調査において再び榛名神社に来たいし紹介したいと回答した来訪者が42％、機会があったら来たい人も55％おり、97％と来訪者のほとんどが榛名神社への再訪を希望している。

来訪者の居住地は、3年間で若干の変動があるが、概ね以下のようになる。群馬県が約30％、埼玉県と東京都と他の関東甲信越がそれぞれ約20％、その他が約10％である。このように埼玉・東京を中心に県外から約70％と、榛名神社の集客圏はかなり広域で、関西方面からも来訪者がある。来訪者の概ね1/3が榛名講等の信仰関係で、後の2/3は観光客と考えられる。

### (3) 榛名神社・社家町の認知手段と広報・案内の充実

一般来訪者における榛名神社・社家町の認知手段は、口コミが最も多く約30％、旅行雑誌が約25％で、インターネットで認知した人は2006年の8％から2008年には15％に倍増している。榛名神社・社家町には国の重要文化財や登録有形文化財が多くある。しかし、多くの重要文化財や登録有形文化財があることを知る人は、音楽会への来聴者ですら半数でしかない。四季折々の自然の美しさを満喫できる参道、荘厳なたたずまいの神域、風水の運気の良さなどを如何に多くの人々に広報できるかは、社家町活性化の喫緊の課題である。近年、榛名神社の認知度は旅行雑誌の紹介で急速に高まっている。ホームページの充実と共に旅行雑誌での特集などを企画する必要があろう。

他方で、来訪者への案内の充実も求められる。通りがかりにたまたま寄った

人が、参拝者の約30％と多い。これ以外に、通りがかりにたまたま社家町に寄ったものの、山門(随神門)を見ただけで神社を見たと錯覚して戻る人が多くいる。また、無料駐車場がすぐ横にありながら無料と書いてないため、駐めて良いのか否かも分からず有料駐車場で駐車待ちの列を作る。これらを避けるには案内板の設置や観光案内所の充実、店舗の案内図の配布など、初めての来訪者への分かり易い情報提供が必要である。山門から約700mの参道を散策し、榛名神社本殿等を参拝した人達は異口同音に「また来たい」、「知人に紹介したい」と評価する。これらの人々は「榛名神社の広報・宣伝」の充実と、来訪者を本殿まで誘導するサイン計画を早急に整備することを求めている。多くの来訪者を吸引するためにも、社家町に至る数キロ前の県道から社家町の入口、社家町・参道・神域に統一的・系統的なサイン計画を施す必要がある。

　サイン計画を施す際、景観形成上、派手な看板等は控えなければならない。しかし、宿坊などは立派なお屋敷のようであり、旅館のようであるため、他地域から来た人々には気楽に食事ができる場所と思えず、入るのに躊躇するという。また、入店しても店の人に気づいてもらえず、帰ってしまう人もいる。そうした点も留意して計画策定する必要がある。

　なお、学生の運営する観光案内所での受けたいサービスで最も多かったのが、「地図案内書きの提供」である(**表 5-1**)。また、駐車場案内や飲食店紹介などの要望がある。こうした要望は以前から把握していたため、2007〜2008年に、A4表裏からなる榛名神社・社家町の案内図と飲食店マップの2種類を、学生がそれぞれに1年間をかけて、リーフレットに作成し、観光案内所・各店舗・社務所等に置いて無料配布を始めた。このように来訪者の要望にも徐々に応えつつある。訪問者へのアンケート調査の際にこれらのリーフレットを配布するが、初めての観光客や参詣者から好評を得ている。

### (4) 駐車場問題と整備方向

　山間部に位置する榛名神社社家町には、自家用車かバスでしかアクセスできない。通常の来訪者で約90％、音楽会で95％が自家用車を利用していることが2006年のアンケートから知られる。駐車場設備は、訪問者の40.7％が不便なことの筆頭に挙げる(**表 5-2**)。特にイベントの際には一度に多数の自家用車

が集中するため、駐車場確保と利用のあり方が榛名神社・社家町にとって大きな課題である。この駐車場問題は大きく3つに分けられる。その第一は駐車場案内標識の問題、第二は駐車場位置の問題、そして第三は駐車台数不足となる。

自家用車での来訪者は、可能な限り神社に近いところに駐めるべく、社家町を車で通過して上の山門(随神門)近くに集中する。そのため利用駐車場は、山門近くに全体の3分の2が集中する。次いで下の県道近くが16%で、中間地点の門前仲まち周辺が9%に過ぎない(2006年)。この傾向は、2008年秋の休日に著者のゼミで実施した社家町交通量・駐車実態調査結果でも同様の結果が得られた。

また、来訪者の駐車施設への最多要望(2006年)は、「分かりやすい駐車場表示」で、39%を占める。次いで、「1カ所の大駐車場設置を求める」が29%、「駐車できればどこでも良い」が27%となる。初めての訪問客にとって、榛名神社専用の無料駐車場の存在が分からず、行き止まりの山門(随神門)近くにある店舗駐車場を利用するケースが多い。その店舗駐車場への入場を待つ車列に並ぶと、車列の横にある門前仲町無料駐車場が空いていても駐めてはいけない駐車場と思い込み駐めない訪問客が多い。

表5-1 観光案内所で受けたいサービスは何か(複数回答可)

| 回答項目 | 回答数 | 割合 |
|---|---|---|
| 1 地図案内書きの提供 | 197人 | 48.0% |
| 2 口頭による紹介 | 115 | 28.0 |
| 3 駐車場案内 | 109 | 26.6 |
| 4 休憩所として利用 | 82 | 20.0 |
| 5 現地案内 | 54 | 13.2 |
| 6 飲食店紹介 | 44 | 10.7 |
| NA・無効 | 27 | 6.6 |
| 回答総数 | 628 | 153.2 |
| 回答者数 | 410 | 100.0 |

(戸所研究室2008年来訪者アンケート調査より作成)

表5-2 訪問者にとって不便なこと(複数回答可)

| 回答項目 | 回答数 | 割合 |
|---|---|---|
| 1 駐車場設備 | 167人 | 40.7% |
| 2 トイレ | 59 | 14.4 |
| 3 案内表示 | 45 | 11.0 |
| 4 休憩所 | 26 | 6.3 |
| 5 携帯が圏外 | 22 | 5.4 |
| 6 食事 | 14 | 3.4 |
| 7 乗り合いバス | 10 | 2.4 |
| 8 土産品購入 | 7 | 1.7 |
| 9 街灯 | 5 | 1.2 |
| 10 食品購入 | 4 | 1.0 |
| 11 日用品購入 | 1 | 0.2 |
| 12 その他 | 38 | 9.3 |
| NA・無効 | 89 | 21.7 |
| 回答総数 | 487 | 118.8 |
| 回答者数 | 410 | 100.0 |

(戸所研究室2008年来訪者アンケート調査より作成)

運転者の心理からすれば、1カ所に分かり易い大駐車場があり、そこにいつでも駐められることを望むであろう。しかし、目的地を目の前にしてそれがなければ、駐めらるならどこでも良いとなる。いずれにせよ、分かり易い案内表示を望んでおり、前述のサイン計画(案内システム)の実現が不可欠である。

ところで、坂の社家町に車を通すことは、歩行者に危険である。町並み景観を楽しみながら安心して歩けない。また上の山門近くの店舗に客が集中し、住民が協調して一体的なまちづくりをしにくい構造にしている。さらに、訪問客の購買行動を考えても、まちを歩かせてどんな店で何を売っているかを先ず認知させねばならない。歩き回わることで認知を深め、たまらなく欲しくなる商品への同化現象が生じ、購買行動に至るものである。この認知ー同化ー行動のプロセスには考える時間が必要であり、まち歩きがない限りどこの店も十分な販売成果が得られない。

以上の考えを実現するには第二・第三の問題を解決すべく、社家町の下に大駐車場を設置し、客の多い週末や休日およびイベントの際には社家町を歩行者空間にして歩いて回れる町にする必要がある。社家町活性化委員会では下の県道沿いに大駐車場を建設する構想を持つが、この構想への賛同者は約3分の2と多い。しかし、少しでも目的地へ来るまで近づきたいと思う人も17％いる。また、この構想を実現するには社家町内に駐車場を持つ人々からの協力が欠かせない。さらに、谷間で平地の少ない地において一体型の大駐車場用地を見出すことは容易でない。しかし、困難はあっても地域住民が運命共同体として協調し共同の力で正面からこの問題に向かえば、自ずと解決策は出てこよう。

### (5) 参拝者・観光客に資する基盤整備

駐車場以外で参拝者・観光客の求める基盤整備として「トイレの整備」が14％で多い(表5-2)。参拝者・観光客の利用できるトイレは、社家町入口の歴史民俗資料館、社家町中央の門前仲町、神社参道中央付近、神社本殿下にある。距離的な視点から見る限り、公衆トイレの配置は大きな問題はないといえよう。また、社家町入口と参道中央は大型の水洗トイレが整備済である。しかし、神社本殿下のトイレは参拝者数に比べ規模的にも小さく、古いため、規模拡大とグレードアップの必要があった。特に、音楽会などイベント時に問題が発生

していたが、不満の大きかったこのトイレも、2009年に環境に配慮したバイオ仕様のトイレに改良することができた。

　他地区でのトイレの新たな設置は、費用対効果を考えると慎重に行う必要がある。トイレの新設は相当な建設費用と維持経費が掛かる。そのため、新設よりむしろ社家町の店舗のトイレを参拝者・観光客に開放する方が良いと考える。トイレを開放することで、結果として店舗と参拝者・観光客とのコミュニケーションが活発化し、営業的にもプラスになる可能性が高い。伊香保温泉の旅館は来街者にトイレを自由に使えることを広報している。また、盛岡市の中心商店街でも、各店舗のトイレを開放するステッカーを貼っており、それが経費節減と顧客満足度・販売に貢献しているという。

**写真 5-19　美しいが高齢者にはきつい長い参道**

　休憩場所の設置は、特に長い参道に必要となっている。ビューポイントに周囲の景観に合うベンチをさりげなく置くだけでもかなりの効果がある。また、各店舗も休憩しやすい雰囲気づくりを研究し、その成果を実行することで経営の向上にも繋がるであろう(**写真 5-19**)。

　トイレや休憩場所は、地元の人にとってはほとんど関係ないことであるが、来訪者には切実な問題となる。他方で、「町並景観の修景」はきれいならそれに越したことはないが、汚くても次に来なければ良いと来訪者は考える。従って、地元民が考えるほどこの種のアンケートには多く回答がない。むしろ町並景観が良いことは来訪先を決める際に影響を持つものである。町並景観づくりは、地域の人たちが自ら満足するものでなければならない。自分たちの満足する町並が結果として来訪者を引きつける魅力に繋がるという考えに立たない限り、町並景観形成は実現しない。

　社家町ではそうした町並景観を創るため、社家町活性化委員会の提案を着々と推進しつつある。すなわち、かつての建物をそのまま復元するのではなく、板塀の設置など宿坊の町に相応しい景観イメージに社家町全体を誘導する方法

表5-3 社家町の景観整備に何を求めるか
（複数回答可）

| 回答項目 | 回答数 | 割合 |
|---|---|---|
| 1 現状維持 | 109人 | 26.6% |
| 2 宿坊内部の公開 | 78 | 19.0 |
| 3 紅葉を植樹 | 61 | 14.9 |
| 4 建物の色彩統一 | 53 | 12.9 |
| 5 石畳化 | 45 | 11.0 |
| 6 沿道の草花充実 | 39 | 9.5 |
| 7 沿道に水路 | 38 | 9.3 |
| 8 歴史民俗資料館の充実 | 33 | 8.0 |
| 9 その他 | 7 | 1.7 |
| わからない | 85 | 20.7 |
| 回答総数 | 548 | 133.7 |
| 回答者数 | 410 | 100.0 |

（戸所研究室2008年来訪者アンケート調査より作成）

がとられている。参拝者・観光客から指摘された榛名神社・社家町での整備・改善提案のほとんどは、社家町活性化委員会で論じられたものである。

以下、2008年調査から来訪者の要望を列記してみる。まず、社家町の景観整備に何を求めるかに関しては、意外なことに「現状維持」が26.6％で最も多い（**表5-3**）。「現状維持」が「建物様式・色彩等の統一」の2倍以上あることは、現状の景観が十分とはいえないまでも一定のレベルの景観にあることと、板塀化や統一看板の設置などこれまでの努力が評価されたことを示している。来訪者の要望は、宿坊内部の公開、石畳化、沿道のしつらえ、歴史民俗資料館の充実など10％前後から20％の選択率で多岐にわたる。こうした結果から、できるものから順次着実に整備することで、来訪者の評価を確かなものにしていけると考えられる。

(6) 店舗宿泊施設の充実

店舗への要望は「飲食・喫茶店の充実」と「土産店・土産品の充実」が共に5％前後あるに過ぎない（2006年調査）。また、宿泊施設への期待もない。これは疲れた時にちょっと休めるところや土産を買えるところがあればよい程度の反応といえる。平地も農地もない山間部で、社家町が持続的発展を遂げようとすれば、参拝者・観光客を顧客とする都市的集落として商業活動を活発に行うことが唯一の道である。それにも係わらず来訪者から商業への期待が少ない。このことは積極的に売り込まない限り道は開けないことを意味している。そのためには「門前そば」や社家町限定日本酒「神楽泉」のように、ご当地ブランドを順次開発し、ブランド品の幅を広げていく必要がある。

他方で、休日とりわけ春秋の連休には来訪者が途切れることなく来訪するよ

表5-4 どうしたら店に入りやすくなるか（複数回答可）

| 回答項目 | 回答数 | 割合 |
|---|---|---|
| 1 店舗表示板の設置 | 128人 | 31.2 % |
| 2 店を明るく | 125 | 30.5 |
| 3 店頭にお品書き | 65 | 15.9 |
| 4 商品価格の店頭明示 | 40 | 9.8 |
| 5 営業中の札 | 34 | 8.3 |
| 6 営業時間を明示 | 19 | 4.6 |
| NA・無効 | 91 | 22.2 |
| 回答総数 | 502 | 122.4 |
| 回答者数 | 410 | 100.0 |

（戸所研究室2008年来訪者アンケート調査より作成）

表5-5 店に何を求めるか（複数回答可）

| 回答項目 | 回答数 | 割合 |
|---|---|---|
| 1 休憩の場 | 197人 | 48.0 % |
| 2 甘味処 | 94 | 22.9 |
| 3 店員とのふれあい | 83 | 20.2 |
| 4 神社の説明 | 79 | 19.3 |
| 5 サービスの向上 | 48 | 11.7 |
| 6 HPの作成 | 31 | 7.6 |
| 7 その他 | 26 | 6.3 |
| 8 蕎麦うち体験 | 15 | 3.7 |
| 9 営業時間の延長 | 7 | 1.7 |
| NA・無効 | 39 | 9.5 |
| 回答総数 | 619 | 151.0 |
| 回答者数 | 410 | 100.0 |

（戸所研究室2008年来訪者アンケート調査より作成）

うになってきた。そのため、十分な接客ができず、顧客を失う事態も生じつつある。これらに対応するには、新しい接客方法や効率的な運営手法を学ぶ必要がある。また、若い力を導入して、人的にも活力を高めねばならないであろう。空き店舗空間などを活用して、休日だけでも営業可能なベンチャー空間を確保し、試みる中で若い力を導入することもできよう。

社家町には宿坊の飲食店が多い。そのため、来訪者にとって飲食店なのか一般民家なのか、分かりにくい。また前述のように、そうした店は料亭のようで入りにくいとの声もある。そこで、どうしたら店に入りやすくなるか。また、社家町の店舗に何を求めるかを調査した。その結果は、「店舗表示板の設置」で店舗であることを明示し、店内を明るくしてどんな商品をいくらで提供するのかを店頭判断できるようにして欲しいということである（表5-4）。社家町として店舗紹介リーフレットを配布しつつ、こうした要望の実現にも取り組みつつある。

なお、店舗への要望では、参拝には長い参道を歩かねばならないため、休憩場所の提供を約半数の来訪者が求めている（表5-5）。また、自由回答には、地元の人達との触れ合いが良かったや、地元の人達ともっと触れ合いたいとの意見が多い。店員との触れ合いや神社の説明など、地域の人にとっては日常的な

こと、当たり前の知識を来訪者は求めている。ホスピタリティを持って、いかに日常性を自然な形で来訪者に発信できるかが、来訪者にとって快適な空間になるか否かの分岐点といえよう。

## 8. 伝統・財産の継承と創造による住民主導の再生戦略

　今日は生産者(資本)の論理でなく、生活者・消費者(地域)の論理による地域づくりが求められている。資本が集客を目的として創りあげた工業化社会の観光地・観光施設に代わり、地域の人々が地域資源を活かして創りあげた住み良い生活空間が、結果として観光地化に繋がる時代である。これまでの輝かしい伝統や財産に満足し、それをただ受け継ぐだけなく、地域資源を活かして新たな伝統・財産を創造する地域社会への転換が、これまで見てきたように榛名神社・社家町でも緊要の課題となっている。

　近隣観光地との連携も重要となる。県内客が多い「幽玄の杜音楽会」でも、30％の来聴者が榛名湖・伊香保温泉に立ち寄っている。また、一般参詣者の50％が榛名湖に立ち寄り、35％が伊香保温泉・水沢へも立ち寄っていることもアンケートから知られる。榛名湖と榛名神社の距離は数キロしかない(写真5-20)。貴重な地域資源を活かし、新しい時代に対応して飛躍的な発展を遂げるには、従来の経緯を乗り越えて、イベントその他日常の活動において密接な連携を図ることが必要である。

　榛名神社・社家町の家々は、古い歴史を持つだけに、多くの貴重な有形・無形の文化財を有する。それらを一堂に集め、展示・公演することで、他の地域にはない地域の魅力を社会に示せる。また、榛名の大自然という地域資源が、それらの価値をより一層高めることになる。既述のように社家町には国の有形登録文化財に指定された宿坊が3家ある。2006年の来訪者アンケートではそれら宿坊内部公開の是非を尋ねた。その結果は、有料でも公開を求める人が32％、無料なら公開を求める人が49％で、必要ないは12％にすぎない。宿坊内部公開には多大な労力と経費を必要とするが、3人に1人が有料でも見たいということは、有料公開も可能性があると言えよう。

　変革期には前述のように地域の将来像を明確に提示し、新たな地域づくり哲

学を共有し、まちづくりの担い手を育て、将来像を実現するための土地利用制度・交通体系・税制や財政構造の再構築が求められる。その実現には概ね次の三つの仕組みが必要となる。すなわち、①都市計画制度や景観形成条例など土地利用規制の枠組みづくり、②地域整備のための機能的共同体の設置、③個人投資を呼び起こす仕組み、である。

写真 5-20　榛名神社から数キロの榛名湖

　地域の建築業者が地元産の木材や石などで建築していた時代には、日本の集落景観にも地域性や統一感があった。しかし、高度経済成長期以降、弱い土地利用規制の中で工業製品を用いた統一性のない建築景観、無秩序な土地利用が出現した。それに対し、社家町では由緒ある神社の門前に適した木製の塀造りや統一の幟によって景観形成を図っている。

　現在の榛名神社・社家町における最重要課題は、地区人口の増加を図ることである。一般に魅力ある地域は、安心安全が確保され、基礎教育が充実し、安定した雇用と地域自治が可能なところである。榛名神社・社家町のそれは、基本的に充実している。次代を担う人を吸引するには地域の付加価値を高める必要がある。新しい文化の発信基地として観光的魅力を高め、多くの観光客を呼び込むシステムの構築が肝要となる。社家町の人々の世界観と結束力を活かし、地域再生へ果敢に挑戦すれば、社家町の未来は明るい。

　社家町活性化委員会はこれまで榛名神社・社家町のあるべき姿を追求し、それを実現すべく活動を続けてきた。その成果は着実に現れてきており、地域住民の理解も深まってきた。そこで、この活動をより広汎かつ確実なものとするために、2009年度から社家町活性化委員会の構成メンバーを拡充した。すなわち、これまでは地域住民は代表者の形で地域役員等が参加し、その数は世帯の約1/3であったのを社家町全世帯にして20世帯強であるため、全世帯が委員会参加メンバーとなることになり、新たに活動を始めている。これにより、様々な面でこれまで以上に意思疎通が良くなることを期待したものである。

**〈注〉**

1) 高崎経済大学地域政策学部戸所研究室では2002年以来、榛名町にてアンケートを継続的に実施してきた。特に、2006年からは5月末の幽玄の杜音楽会の鑑賞者に対して、6〜11月には榛名神社・社家町への来訪者に対して、その都市に課題となる内容について調査を実施し、結果は地域住民を集めた場で地域住民と高崎市当局に対して報告会を開催している。
2) 『はるな　果樹あるTOWN振興計画策定調査』(財)広域関東圏産業活性化センター、181 p.、2003年
3) 戸所　隆：「音楽会を核とした榛名神社社家町の再活性化政策の成果と課題」地域政策研究(高崎経済大学)9-2・3合併号、pp. 35-48、2007年
4) 『榛名神社・社家町再生計画報告書』社家町活性化委員会、17 p.、2005年3月

# 第6章
# 音楽会を核とした榛名神社社家町の再活性化政策

## 1. 再生事業のシンボルとしての「幽玄の杜音楽会」

　榛名神社・社家町へは農業従事者を中心に「榛名講」等の参詣者や観光客が、今日でも年間30万人訪れる。しかし、産業構造の変化による「講」の減少で門前町である社家町の賑わいは減退した。社家町の人々は自信を喪失し、訪問客も魅力を感じなくなっていた。その結果、店舗廃業や後継者不足をもたらし、高齢化率57％が示すように地域社会を崩壊の危機に陥れた。

　こうした集落崩壊のスパイラルから抜け出すには、榛名神社・社家町の流れを転換させ、多くの人々を榛名神社・社家町へ吸引するには、すばらしい自然景観や文化景観とその価値や地域の魅力を多くの人々に認知してもらわねばならない。また、若年層の流入増を図り地域を再活性化するには、関係者の知恵と熱意が重要で、それを戦略的に実現する政策が不可欠となる。以上の視点で検討した結果、多くの人々を吸引し感動を与えるイベントとして、プロのクラシックとジャズの演奏会を国の重要文化財・榛名神社神楽殿で2002年から始めた。

　荘厳なたたずまいの神域での演奏は、クラシックやジャズなどのジャンルを問わず、人々を魅了した。特に、夕暮れから始まる夜の部では、ライトアップされた神楽殿が新緑や紅葉の中に浮かび上がり、他では味わえない「幽玄の杜音楽会」となっている。この「幽玄の杜音楽会」は、社家町住民等関係者、旧榛名町役場担当者、社家町再生の専門的支援者の結束した努力の賜で、社家町活性化のシンボル的事業であり核的事業である。なお、音楽会の演奏は5月末の土・日曜日の昼と夜、計4回となっている。2009年の場合、クラシックコン

写真6-1　昼間開催の幽玄の杜音楽会

図6-1　2009年幽玄の杜音楽会パンフレット

サートは高崎市に本部を置く群馬交響楽団メンバー、ジャズコンサートは岡安芳明率いるカルテットやバイソン片山カルテット with 鞠沙樹里など全国的に著名な演奏者が日を変えて一日ずつ演奏した(**写真6-1**)。

「幽玄の杜音楽会」を開催しても来訪者が音楽鑑賞のみで帰宅するのでは、社家町活性化への効果は少ない。そこで、社家町の店舗が旧榛名町役場担当者の指導で統一ブランド「門前そば」を作り、門前そば・山菜天ぷら・かやくご飯・香の物からなる食事付きコンサートチケットを発売した。これにより門前そばの認知力を高め、社家町への経済的効果をもたらし、地域の結束力を向上させた。また、「門前そば」に合う社家町オリジナルな日本酒「神楽泉」の普及・販売促進に努めている。

　食事付きコンサートチケットは、補助金のお陰で2005年まで2,000円で販売したが、補助金の減額で2006年から3,000円となった。この価格でも持ち出しであるが、販売促進イベント費用と考え、不足分は社家町居住者が負担している。榛名神社や社家町のような小規模集落の活性化政策では、計画や事業の結果が直ぐに現れる。それだけに地域政策の実験場としても、学生の地域政策実習の場としても適している。そこで、2002年以来毎年、著者のゼミナール所属の大学院・学部学生が旧榛名町に関する調査や社家町再生に係わってきた(**写真6-2**)。

第6章　音楽会を核とした榛名神社社家町の再活性化政策　　　137

写真6-2　音楽会のスタッフとした活躍するゼミ学生

　2002年には榛名町全域の産業・観光や合併に関する意識を確かめるため、訪問形式のアンケート調査を実施した。その後は「幽玄の杜音楽会」開催時に来聴者へのアンケートを行い、5〜11月には榛名神社・社家町への来訪者への対面型アンケートを毎年実施してきている。調査は来聴者に受付でアンケート用紙を配布し、演奏終了後に回収する方法で行っている。2006年の2日間の有効回答数は447である。両日4回のコンサート参加者は合計約600人であることからかなりの回収率と言えよう。その後の有効回答数は2007年の534、2008年の528、2009年の561となっている。なお、調査項目は、音楽会への来訪回数や認知メディア、来訪動機・理由など、毎年同じ内容のものと、交通アクセス問題、食事や景観形成など活性化の在り方に関するその時点で必要とする項目からなる。
　本章では主に、5月末に実施した「幽玄の杜音楽会」来聴者へのアンケート結果(略称：音楽会アンケート)を基に、社家町の再生を考える。

## 2.「幽玄の杜音楽会」来聴者の属性と来聴回数

　榛名神社・社家町への日常的な来訪客圏は、群馬県が約30％、埼玉県と東京都と他の関東甲信越がそれぞれ約20％、その他が約10％である。このように埼玉・東京を中心に県外から約70％と榛名神社の集客圏はかなり広域で、関東を中心に全国から参詣客が来ている(日常来訪者アンケート)。しかし、音楽会には約9割の人が群馬県内から来ており、特に高崎市50％強(旧榛名町の約10％

を含む）と前橋市20％前後が多く、主に近隣地域からの来聴者で構成される。

　前橋市からは2006年の10.3％が2007年には22.0％、2008年19.5％、2009年16.2％と増加した。その要因として、「幽玄の杜音楽会」に関する情報が前橋市の広報に掲載される様になったことが大きいと考えられる。県外からは約10％と少ないが、2009年では埼玉・東京を中心に60名が来聴している。その中には九州など全国からジャズ演奏者を追っかける来聴者も何人か存在する。少なくとも片道数時間は要することを考えると近年、「幽玄の杜音楽会」がかなり強力な吸引力を持ってきていると言えよう。

　男女比は毎年2対1の割合で女性が多い。年齢的には2006年には50〜60歳代が全体の3分の2を占めたが、その後は2007年に49％、2008・2009年の両年に52％と比率を減らした。他方で、30〜40歳代は2006年の23％から、2009年には31％と増加し、20歳代も僅かながら増加傾向にある。このことは、「幽玄の杜音楽会」の参加者が、年齢的に幅を広げつつあると同時に、若い人たちの支持を広げているといえる。アンケート回答者の数も2006年の447人から2009年には561人と100人以上増加しており、その増えた分の多くが20〜40歳、とりわけ40歳代の増加率が多い。こうした傾向は、社家町活性化にとって良い方向にあると言えよう。

　参加形態は、友人との来聴が約37％で最も多く、次いで夫婦の約32％、家族の約15％と続き、一人での来聴は約5％にすぎない。この数字は毎年ほとんど変わらない。また、友人の中で恋人の割合が少しずつ増えており、若い来聴者増加の要因の一つになっている。このように、「幽玄の杜音楽会」には夫婦や親しい友達と比較的近場で非日常性を味わう場である。それだけに来聴者に非日常性を感じさせる地域資源を活かしたサービスの提供如何によって、音楽会を機会に榛名神社・社家町での滞在時間を延ばさせることができる条件にあるとも言えよう。

　2006年のアンケート時で既に「幽玄の杜音楽会」は通算8回実施していたが、初めての来聴者が58％と最も多い。次いで2回目が23％、3回以上の来聴者は19％である。その後も、概ね初めてが約60％、2回目約20％、3回目以上約20％の割合で推移している。旧榛名町役場が第1回「幽玄の杜音楽会」以来、音楽会や出演者の評価を毎回調査してきたが、90％以上の来聴者が満足と

回答している。特に神社神楽殿を舞台とする会場の雰囲気に対する評価は高く、ほとんどの人が再訪を希望した。マイナスの評価は、雨天のため会場を社務所に変更したことへの落胆や昼夜の気温差が大きいことによる夜の寒さに対するもので、音楽会そのものへのマイナス評価ではない。現実にリピーターが半分近くいることは、安定した運営をしながら新たな顧客を確保できる理想的な状況と言えよう。なお、日常の参拝客も初めてとリピーターが半々で、榛名神社・社家町は一度来た人々を何回も引きつける魅力的空間であることが知られる。

## 3.「幽玄の杜音楽会」の認知媒体と来聴理由

### (1) 音楽会の認知媒体

リピーターの多い魅力的な空間であれば、それを多くの人々に伝達することでさらに多数の来訪者を吸引でき、地域を活性化できるであろう。そこで、どんな手段で榛名神社・社家町やそこでのイベントを知ったか、来訪に際しての認知媒体を尋ねた(表6-1)。

2006年の「幽玄の杜音楽会」では口コミが40％と最も多く、次いでパンフレットや情報誌が28％、新聞が15％と比較的身近なメディアを利用している。特に、口コミや旧榛名町役場作成の申込用紙兼用パンフレットの力が強い。また、リピーターが42％いるため、特に情報が無くとも自ら情報を求める「その他」が19％と大きな割合を占める(表6-1)。

認知媒体の変化で注目されるのは、2007年からの高崎市広報の役割の大きさである。榛名町と高崎市とが合併したことにより、高崎市の広報に掲載される様になった。また、高崎市と前橋市の連携事業として広報に両市の主な催しを相互掲載するようになったため、「その他」には前橋市広報を見て来聴した人も多い。両市の人口は計約70万になるため、近隣来聴者への広報に大きく影響していることが知られる。こうしてみると、音楽会や榛名神社の認知媒体は、県内客の多いイベント用と県外客の多い一般的な榛名神社への来訪者に対するものを区別して考える必要がある。また、旅行雑誌やインターネットの活用強化で、経費を掛けずに広報の強化を図ることも重要になろう。

表6-1 幽玄の杜音楽会をどのような形で知りましたか（複数回答可）

| 回答項目 | 2006年 | 2007年 | 2008年 | 2009年 |
|---|---|---|---|---|
| 1 インターネット | 2.0 % | 1.5 % | 3.4 % | 2.9 % |
| 2 パンフレット | 18.8 | 16.6 | 17.4 | 15.7 |
| 3 ポスター | 6.3 | 5.2 | 5.1 | 7.8 |
| 4 口コミ | 40.0 | 40.4 | 28.0 | 26.4 |
| 5 新聞 | 15.2 | 6.9 | 4.5 | 6.6 |
| 6 情報誌 | 8.7 | 6.2 | 8.7 | 5.2 |
| 7 音楽団体からの情報 | － | 1.1 | 1.9 | 1.4 |
| 8 高崎市の広報 | － | 20.2 | 20.3 | 26.0 |
| 9 テレビ・ラジオなどのメディア | － | － | 1.1 | 0.2 |
| 10 その他 | 18.8 | 20.6 | 22.0 | 23.4 |
| NA・無効 | 2.5 | 2.2 | 2.5 | 0.7 |
| 回答総数 | 112.3 | 118.8 | 115.0 | 116.2 |
| 回答者数　％ | 100.0 | 100.0 | 100.0 | 100.0 |
| 人 | 447 | 534 | 528 | 561 |

（戸所研究室・各年の音楽会来聴者アンケートより作成）

表6-2 幽玄の杜音楽会に来た理由（複数回答可）

| 回答項目 | 2006年 | 2007年 | 2008年 | 2009年 |
|---|---|---|---|---|
| 1 出演者への興味 | 8.9 % | 10.9 % | 7.6 % | 6.8 % |
| 2 コンサート内容への興味 | 30.2 | 31.3 | 32.8 | 23.0 |
| 3 寺社仏閣への興味 | 9.4 | 11.6 | 10.8 | 9.6 |
| 4 神社での音楽への興味 | 58.6 | 57.3 | 56.4 | 62.9 |
| 5 誘われたから | 22.8 | 21.3 | 22.3 | 18.4 |
| 6 門前そばを食べたかったから | 20.4 | 15.5 | 18.4 | 16.0 |
| 7 以前の演奏がよかったから | 23.9 | 20.4 | 18.2 | 18.0 |
| 8 その他 | 2.5 | 2.2 | 2.1 | 2.1 |
| NA・無効 | 1.3 | 1.5 | 0.4 | 0.4 |
| 回答総数 | 178.1 | 172.1 | 168.9 | 157.2 |
| 回答者数　％ | 100.0 | 100.0 | 100.0 | 100.0 |
| 人 | 447 | 534 | 528 | 561 |

（戸所研究室・各年の音楽会来聴者アンケートより作成）

### (2)「幽玄の杜音楽会」への来聴理由

　音楽会や榛名神社を認知後、実際に来聴・来訪させた動機付け・理由は何であろうか。その第一位は、神社神楽殿での開催で約60％と圧倒的である。次い

でコンサート内容・出演者への興味が約30％を占める。また、過去の音楽会が動機付けになっている人も約20％いる（**表6-2**）。

　高崎や前橋レベルの都市ではオーケストラやジャズのコンサートを聴く機会は多い。それだけに、自家用車を使っても片道1時間前後かかる山間部の榛名神社まで足を運ぶためには何らかの希少性・特異性が求められる。それが将に美しく静寂な自然環境に囲まれた国の重要文化財の神楽殿での「幽玄の杜音楽会」である。そうした魅力が音楽会の前提条件である一流の音楽家による演奏に加わり、「門前そば」や神社への興味に後押しされて多くの人々が毎回来聴している。

　「門前そば」を食べたかったからと回答した来聴者も18％前後おり、門前そばの評価も高まりつつあり、音楽会による社家町再生の経済効果にも成果が出てきていると言えよう。次に社家町再生政策の柱の一つとして取り組んでいる門前そばに対する音楽会来聴者の評価を検討してみたい。

## 4. 「門前そば」に対する「幽玄の杜音楽会」来聴者の評価

### (1) 「門前そば」に対する評価

　社家町全体でブランド化を目指す「門前そば」は社家町再生政策の柱の一つである。そのため、多くの人に「門前そば」の味を広報するために、「幽玄の杜音楽会」のチケットには「門前そば」の食事券が付いている。そうした中で、音楽会への来聴理由に「門前そばを食べたかったから」とする人が2006～2009年に20.4％、15.5％、18.4％、16.0％と推移した。この数字は「以前の演奏がよかったから」の評価とほぼ同じで、「出演者への興味」の約8％より多い。かなりの顧客吸引力を持ちつつあると言えよう（**写真6-3**）。

　そこで「幽玄の杜音楽会」を鑑賞する前に食べた「門前そば」の評価を2006、2007の両年に尋ねた。その結果は「美味しい」との評価が約60％、「どちらかといえば美味しい」の約20％を加えると、約80％の人が肯定的評価をした。他方で、「美味しくなかった」、「やや不満」は2.5％と少ない（**表6-3**）。

　以上の評価は単なるお世辞ではない。2006年のアンケートで、次回の榛名神社社家町来訪時に「門前そば」を食べる意志があるか否か尋ねたところ、「ぜひ

写真6-3 蕎麦の花を社家町の道路沿いに飾って蕎麦の郷を演出

食べたい」が78％と圧倒的に多く、次いで「どちらとも言えない」の16％であった。来聴者のすべてが蕎麦好きとは限らない中での数字であることを考慮すると、この割合は非常に高いと言えよう。

関係者の協力と努力により、「門前そば」は年々評価を高めていると言える。全体のレベルアップを集団で成し遂げる第一段階はまずは成功といえる。しかし、これからが「門前そば」をブランド化するために重要な第二段階に入る。「門前そば」を提供するすべての店舗が顧客にとって満足できるそばを出せるとは限らない。そば打ち技術の優劣も時を経る毎に店舗間格差が拡大するであろう。来聴理由に「門前そばを食べたかったから」とする人が多くいるものの、漸減傾向にあることや**表6-3**で2006年より2007年の方がやや厳しい評価になっているのは、「門前そば」の味が落ちたからでない。リピータになることで顧客の評価が厳しくなることによる。そうした中で新たな店舗間競争が始まり、第二段階に進む。「門前そば」全体のレベルを向上させながら全体を良い方向へと牽引する店舗の出現が重要で、そうした店舗への進化が、今後の課題である。

### (2) そばに合う酒「神楽泉」の認知度と評価

「門前そば」以外に社家町で食したいものとして、2006年調査結果では、宿坊料理、川魚、山の幸、豆腐などが多くの要望を集めた。これらはこれまで社家町で特産として提供してきたもので、既存商品の充実の必要性を示していると言えよう。こうした中で、日本酒への要望は12％に過ぎず、新たに開発したそばに合う酒「神楽泉」の認知度とその評価が問題となる。そこで、2007～2009年の「幽玄の杜音楽会」で、「神楽泉」に関して検討した。

「門前そば」は店頭を飾る共通の幟で認識しやすく、需要頻度も高いことから比較的認識されやすい。しかし、自家用車による昼間の来訪者が多い社家町で

表 6-3 「門前そば」に対する評価

| 回答項目 | 2006年 | 2007年 |
| --- | --- | --- |
| 1 美味しい | 66.2% | 59.4% |
| 2 どちらかといえば美味しい | 18.6 | 19.1 |
| 3 ふつう | 11.2 | 16.1 |
| 4 やや不満 | 2.5 | 2.1 |
| 5 美味しくない | 0.0 | 0.4 |
| 6 食べなかった | 0.4 | 1.5 |
| NA・無効 | 1.1 | 1.5 |
| 回答総数 | 100.0 | 100.0 |

(戸所研究室・各年の音楽会来聴者アンケートより作成)

表 6-4 「神楽泉」の認知度と評価

| 回答項目 | 2007年 | 2008年 | 2009年 |
| --- | --- | --- | --- |
| 1 知っており美味しい | 8.8% | 10.6% | 7.3% |
| 2 知っており美味しくない | 0.2 | 0.4 | 0.4 |
| 3 知っているが普通 | 2.2 | 0.4 | 1.2 |
| 4 知っているが飲んでない | 19.7 | 17.6 | 15.7 |
| 5 知らない | 65.2 | 68.4 | 71.1 |
| NA・無効 | 3.9 | 2.7 | 4.3 |
| 回答総数　% | 100.0 | 100.0 | 100.0 |
| 　　　　　人 | 534 | 528 | 561 |

(戸所研究室・各年の音楽会来聴者アンケートより作成)

は、酒を飲む機会は少ない。そのため、「神楽泉」を認知かつ飲酒したことのある人は、比較的近隣客の多い「幽玄の杜音楽会」来訪者にして約10％に過ぎない。また、約20％は認知しているが飲酒経験はなく、約70％もの人が認知していない。この数字は、2007〜2009年でほとんど同じである(表6-4)。

「幽玄の杜音楽会」当日は、音楽会前に門前そばを食べるが、2007年の音楽会で「神楽泉」を飲んだ人は4％に過ぎない。昼夜4回の演奏のうち「神楽泉」を飲んだ人の多い順に、土曜日夜の7％、日曜日夜の6％、日曜日昼の3％、土曜日昼の2％である。折角のそばに合う酒でありながら飲まない理由として、車を運転するためが43％と最も多い。次いで、元々酒を飲まない人の26％となり、他は昼酒を飲まない8％、音楽会前に飲まない7％などである。このよ

うに、自家用車を利用せざるを得ない交通環境が、「神楽泉」の飲酒を妨げている大きな要因と考えられる。そのことは音楽会用臨時バスを要望する人19％の半分が、酒を飲みたいことを理由にしていることからも理解できよう。

## 5. 音楽会実施上の課題とその改善策

### (1) 音楽会実施上の問題点とその改善方向

　榛名神社神楽殿を舞台とする「幽玄の杜音楽会」そのものに関しては、90％以上の来聴者が音楽会や出演者に満足している。それは来聴者が年々増加し、来聴圏も拡大していることからも知られる。しかし、音楽会実施や実施に付随することで、問題点や課題が生じている。毎年、アンケート結果の分析や音楽会の運営を支援した学生達の感想・反省を整理し、それを基に問題発見・問題解決策にまとめている。その結果を、音楽会から約1カ月後の社家町活性化委員会で、著者の研究室支援報告として社家町住民と高崎市榛名支所関係者に報告し、問題解決のための議論とその実施に努めてきている(**写真6-4**)。

　大きな問題点として、①音楽会と信仰との関係、②雨天・寒さへの対応、③トイレなど環境整備、④交通アクセス、⑤音楽会開催費用、⑥音楽会開催時の人的支援体制などがある。この①～⑥は、相互に関係するとともに、他の様々な課題とも密接に関係している。

　①音楽会と信仰との関係は、音楽会を神社本殿と相向かいの神楽殿を舞台とするため、本殿及びその前に多数の聴衆がおり、音楽会の開催を知らずに参拝に来た人々の祈りを妨げる問題である。榛名神社の来訪者は群馬県外が70％以上で、その信仰圏は関東一円から全国に拡がる。それだけに、予め音楽イベントの開催日を参拝者に徹底することは不可能である。通常、奥山にある榛名神社への参拝者は夏でも午後4時頃までのため、この問題は昼の部に限られる。しかし、音楽会の開催日が5月末の土・日曜日と新緑の美しい時期であるため、一般参拝者・観光客もかなりの数になる。中には、観光バスで来る団体客もあり、それらの人々が音楽会の最中に入場することは、音楽鑑賞者にとっても迷惑な状況となる。

　「幽玄の杜音楽会」の特徴は神楽殿での演奏であり、それなくして奥山で音楽

会をする意味はなくなる。他方で、知らずに遠方から参拝に来た人々が本殿にお参りすることを制限することもできない。従って、一般参拝者・観光客には受付で音楽開催のため迷惑をかけることを了承頂き、参拝して頂くことにしている。しかし、静寂な中でゆっくりとお参りすることを期待して遠方から来た人々には不満が残る。一方、来聴者からは一般参拝者・観光客の歩く音や声、二礼二拍に「幽玄の杜音楽会」の雰囲気を壊されることで不満が出る。また、一般参拝者・観光客の中には、そのまま演奏を聴くために音楽会用の椅子に座る人もおり、入場料を払って来聴した人との間でトラブルが発生する。

写真6-4 学生報告に基づき議論する社家町活性化委員

　この問題に関する対応策をかなり議論したが、昼の部を開催する限り、根本的な解決策はないと言えよう。当面は受付での丁寧な説明の徹底と、本殿前に信仰エリアを設定し、静かにお参りして頂くよう依頼している。また、演奏を来聴者同様に聴きたい場合は、門前そば食事券なしの当日券で対応することとした。

　②雨天・寒さへの対応も解決困難な問題である。神楽殿を舞台にした演奏では、聴衆は屋外で聴くこととなる。その自然環境の中で聴くことが将に非日常性を演出している。夜には朱塗りの神楽殿がライトで浮かび上がる。周辺の岩山も、美しい色彩にライトアップされ、川のせせらぎをバックに演奏されるクラシック、そしてジャズは将に「幽玄の杜音楽会」である（写真6-5）。

　こうした舞台装置も、奥山での雨天には180度表情を変える。音楽鑑賞どころではない。演奏者にとっても湿気で楽器がうまく機能しないことになる。特にクラシックの弦楽器に関しては深刻な状況となる。このため雨天の際には、延期は日程的にも支援体制・経費的にも無理なため、中止か神楽殿・本殿の下にある社務所大広間で開催せざるを得ない。中止は経費的に避けざるを得ないため、現実問題として社務所大広間での開催となる。しかし、来聴者にとって

写真 6-5　夜間開催の幽玄の杜音楽会　　　　写真 6-6　群馬交響楽団のメンバーによる演奏

会場を社務所に変更したことへの落胆は大きく、それだけに変更があり得ることを事前に十分周知させる必要がある（**写真 6-6**）。

　奥山での屋外イベントには天候問題が避けられない。来聴者からは他の時期での開催を求める意見もある。しかし、寒さが厳しくなく、夏の夕立の危険性も少なく、梅雨でもなく、自然が美しく、恒例の神事と重ならない雨天の確率の低い週末を精査すれば、5月末以外ない。これは夜の寒さに関する問題にも言えることである。

　5月末は晴天の昼間は、半袖姿でも汗ばむ気温になる。しかし、奥山では夕刻から急に冷え込み、音楽会夜の部の頃には上着が必要になる。そのため、明るいうちから来ている山の気候に不慣れな来聴者の中には、薄着ゆえ寒さに震えながら聴く人がでる。「幽玄の杜音楽会」を始めた頃は、来聴者は榛名山の気候を体感している近隣居住者に限られていたため、こうした問題は生じなかった。しかし、回を重ね音楽会の評価が高まるにつれ、広域から、そして近隣居住者でも榛名山の気候を認知しない人々が来聴するようになり、かつては考えられなかった問題が惹起してきた。この問題に対しては、パンフレットやチケット等に防寒着の必要性を記載するようにした。

　③トイレなど環境整備は、約200名もの人を約2時間、日常的に神社本殿近くに滞留させることがないため、トイレの容量が足らない問題である。また、トイレまでの階段が急なため、来聴者からの整備の要望が強い。これに関しては、数年間検討に要したが、2009年にトイレの改良が行われている。

　④交通アクセスに関しては、既述の駐車場が分かりにくいことやバスの本数

や夕刻以降にバスの便がないため、公共交通利用者は昼の部しか参加できないことへの改善である。また、乗合バスは音楽会では4％の人にしか利用されていない。高崎駅―榛名湖間には1時間ヘッドで乗合バスが上下運行されている。しかし、乗降場所がよく判らない人が多く、1時間ヘッドで運行されることも認知していない。これらはサイン計画と連動して解決すべきことである。なお、社家町からは榛名湖方面、高崎方面とも各時40分に発車する。また、毎時40分の社家町発車を確実にするため、余裕ある運行が行われ、たとえ早く社家町の停留所にバスが到着しても、各時40分発車は守られている。これらを周知するだけでも利便性は高まり、大きな改善となろう。

写真6-7 音楽会開催に貢献する学生の研究活動

　以上の①～④に関しては、学生達が社家町での交通誘導、音楽会会場での運営支援を通して目にし、気がついたことやアンケートの自由回答をまとめ、報告会で率直に地域住民や行政担当者に伝えるようにしている（**写真6-7**）。その結果わかったことは、音楽会当日の地域住民の多くは、音楽会場から700m以上離れた社家町の店舗で「門前そば」を提供することに追われ、音楽会場で起こっていることをほとんど認知していないことである。そのため、来聴者に音楽会のことを十分に伝えられないことと、来聴者がどの様な気持ちでいるのか、どの様な問題があるのかを十分に認識できない状態にあった。たとえば、住民にとっては一日の大きな気温変化は当たり前で、日常的に特に注意を与えようとはしない。また、トイレへの階段が急であるとの来聴者の指摘に対して、その傾斜が当然と認識する住民には理解できないこととなる。こうした意識の違いや情報不足に対して、社家町再生に取り組む著者の研究室所属学生達による報告や来聴者の代弁は両者を繋ぎ、改善へと進む上で大きな役割を果たしていると言えよう。

　⑤「幽玄の杜音楽会」の開催費用は、入場料と行政からの補助金でまかなっ

写真6-8　ゼミ活動に感謝して社家町住民により設置された灯籠

ている。最初は「門前そば」の食事券付き入場券を 2000 円で販売していたが、2007 年から 3000 円にした。そのため、改善されたとはいえ、補助金なしでは運営できない状況にある。ここでいう開催費用は音楽会の直接経費であって、運営に当たる人々は地元住民・高崎市職員・学生であり、無償である。そのため、音楽会への入場収入を増やす以外収入増はない。しかし、音楽会一回の入場者数は、会場の広さや「門前そば」の提供能力から概ね限界である。入場料 3000 円には 85％ が適切と回答するが、4000 円では 9％ の人しか購入しないとなり、値上げもできない（2007 年アンケート）。小規模集落が貴重な文化資源を維持しつつ、高崎市全体の観光振興に寄与するという視点から数百万円の補助金をしばらく出し続けない限り、音楽会の開催は無理であり、それなくして社家町の再生もままならないと言えよう。

⑥音楽会開催時の人的支援体制も、⑤との関連で重要である。現在は、高崎市の担当職員と著者の研究室所属学生が研究を兼ねて支援に入っている。平均年齢が 60 歳を超える住民 60 名ほどの超高齢集落に、音楽会などイベント時に 20 名以上の若い力が活動し、日常的にも学生が再生を目指して活動を続けることは大きな力である。逆に、現状では学生や社家町活性化委員会の外部委員などの参加なしで、音楽会や新そば祭りなどのイベント開催は、資金的にも運営能力的にも不可能となる。問題は、こうした形態を未来永劫続けることも不可能ということである。集落の後継者を育成し、自立できる体制を如何に早く確立できるかに、再生は勿論、集落の存亡もかかっていると言えよう（**写真 6-8**）。

### (2) コンサート後の滞留時間拡大による改善策

現在は、コンサート前に「門前そば」を食べるため、コンサートが終了すると直ぐに帰宅の途に就いてしまう。特に夜の部では終了時刻が午後 8 時を過ぎるため、高崎や前橋の中心部に戻ると午後 9 時過ぎとなる。そのため、「幽玄

の杜音楽会」で折角多くの人々が社家町に来訪しても、入場券に付いた「門前そば」を食べるだけでそれ以上の購買行動をすることは少ない。コンサート前の食事では短時間で食事を済ませ、会場に向かうことになる。コンサート前には酒も飲みにくい。また、土産などの買い物もする気にはならない。

　音楽会の経済効果をもっと社家町にもたらすには、社家町での滞留時間を拡大させねばならない。そのためには、コンサート後に食事をする必要がある。コンサートの余韻にひたりながらの食事は会話も弾み、酒を飲む人も増える。それはそばに合う社家町のブランド酒「神楽泉」の販売促進の良い機会になる。また、土産を購入しようとする時間的・精神的余裕もでき、多様な商品の売上げに結びつくであろう。

　以上の状況を創るには、少なくとも次の条件が必要となる。すなわち、①音楽会の演奏時間を午前10時30分～12時30分と午後4時30分～6時30分への変更、②飲酒運転を避けるためにバスの増発・運行時間の拡大、③榛名神社・社家町での見どころ・食事処・土産物店の充実、④コンサート後の観光案内リーフレットの充実などである。

　①音楽会演奏時間の変更に関しては、午前10時30分～12時30分のコンサートは難しい。現在の来聴圏は1～2時間である。開演が10時30分の場合、社家町には遅くとも10時には着いていなければならない。土曜・日曜にこの時間に間に合うように家を出るのは難しい上、演奏を聴く雰囲気になりにくい面もある。現実には演奏後に食事となると、午後4時30分～6時30分の1日1回公演となる。

　午後4時30分の時間になれば、通常、一般参拝者や観光客は途絶え、音楽会と信仰との重なりによるトラブルは避けられる。5時30分過ぎには夕暮れの中ライトアップされた神楽殿が浮かび、次第に幻想的な雰囲気になる。終演時刻が6時30分過ぎになれば、概ね「門前そば」による食事は7時から8時30分位までゆっくりでき、コンサートの余韻を参加者同士で楽しむこともできよう。また、まとまった人数が集まれば、高崎駅など主要ターミナル行きの臨時バスを運行することもできる。それにより、そばに合う社家町ブランド酒「神楽泉」を薦められ、販売促進に貢献できよう。

　以上の考えに対して来聴者の反応は、現状の開演パターンが根付いてきた

め、2009年アンケートでの賛同者は1/4で、半数は現状維持である。ただし、2007年のアンケート結果と比較すると、賛同者が10％増加し、現状維持がその分減少している。「幽玄の杜音楽会」の所期の目的は榛名神社・社家町および門前そばの認知度を高め、再生への足掛かりを掴むことであった。それらが一定の成果を遂げつつある中で、来聴者も地域との一体感を深める方向性を強めてきているものと考えられる。それが徐々にではあるが、賛同者の増加に現れていると言えよう。しかし、現実に上記の形で運営するには多くの障壁がある。

　コンサートを入場料を上げずに1日1回で運営するには、少なくとも1回あたりの収容人数を倍増させる必要がある。現状からして来聴者を集めることは必ずしも困難とは思えない。だが、神楽殿周辺環境の限られた空間に如何にその人達を安全に誘導・収容できるかが難しい。仮にそれが可能となっても、雨天時などの対応で、社務所大広間にそれだけの人数は収容できず、危機管理上の問題が残る。

　現状でも大きな課題を抱える駐車場は、収容能力を完全にオーバーし、混乱を招くであろう。これを解決するには、廃校になった小学校校庭の活用や新たな大型駐車場の建設が求められるが、日常的な維持管理との調整も必要となる。そこで、駐車場は現状維持で輸送効率を上げるには、乗合バスの活用を考えるべきであろう。高崎駅から榛名神社まで臨時路線バスを現行の約半額の料金で設定した場合、利用する人と利用しない人が共に約40％であった。現在約90％の来聴者が自家用車で来場するが、その人達の中でバス利用希望者は、酒が飲める、山間部運転が不安、運転ができないなどの理由でバス乗車を望んでいる（2007・2009年アンケート）。これだけまとまった乗車人員があれば、十分にバスも採算がとれ、駐車場問題も音楽会開催に支障がない程度には解決できよう。

　コンサートの余韻を楽しみつつ社家町への経済効果を高める目的のコンサート後の食事改革案で最大の問題は、現状では「門前そば」の提供能力を超え、システムが麻痺してしまうことである。現在は昼夜のコンサート前に「門前そば」を食べるように入場券に食事をすべき社家町の"門前そば加盟店"を指定して特定の店に集中しないようにしている。しかも、食事時間を2時間ほどの間

に自由にとるシステムであるため、客が一時に集中せず、高齢化の進んだ人手不足の社家町の店でも何とか対応できている。しかし、夕刻のコンサートのみになり人数が倍増し、しかもコンサート後に一気に客が押し寄せる状況になると、対応できないといえよう。スペース的には各店舗均等でなく、また空き店舗も使えば対応可能であろう。しかし、現状のマンパワーでは、限られた時間帯に多くの人々に挽き立て、打ち立て、茹で立ての「門前そば」を提供できるシステムを構築できないと考えられる。イベント時に対応するために設備、人員を増強しても顧客吸引力において日常との格差が大きければ、過剰設備投資になって逆の効果となる。

　以上のように、体力の落ちた観光集落には様々な再生の芽があるが、それを順調に育てることは至難の業である。関係者の協調体制を確立しつつ、関連事項の相互関係を調整しつつ無理のない形で徐々に改善していくしかない。しかし、問題点を把握し、一歩一歩でも着実にかつ前向きにあるべき姿に向かって努力することで、成果は必ず見いだせると一連の事業に係わって確信している。

## 6. 音楽会来聴者の社家町再生への認識と改善策

　音楽会への来聴者は、比較的近場に居住し、この地域に関心を持つ人たちが多い。それだけに、これらの人々は将来にわたり、この地域再生への応援者になる可能性を持つ人々である。そこで来聴者が、榛名神社・社家町に対してどの様な認識を持ちどの様な改善方向を目指しているかをアンケートを中心に検証した。

　空き店舗対策や景観形成など、社家町活性化の取組みへの評価は、「良い成果が出ている」と評価する人が47％、「以前と比べて評価できないが良い取組み」が41％である。榛名神社の建物が国の重要文化財に指定され、社家町の建物にも国の登録文化財があることを認知している人は55％で、他の人たちは音楽会に来て知ったり、アンケートで知ることになった(2006年アンケート)。こうしたことから、概ね、半数の人が予めこの地域を認知し、その目で観察しており、他の半数はこうしたイベントを通じて認知しつつあることが知られる。この数字は、来聴者の約半数がリピーターで約半数がはじめての参加という数字

表6-5 空き店舗や板塀化以外の改善策

| 回答項目 | 回答数 | 割合 |
|---|---|---|
| 1 町並み景観の統一 | 141人 | 26.7% |
| 2 駐車設備の充実 | 129 | 24.4 |
| 3 トイレ設備 | 122 | 23.1 |
| 4 店舗サービスの充実 | 77 | 14.6 |
| 5 そば打ち体験の導入 | 67 | 12.7 |
| 6 案内表示の充実 | 40 | 7.6 |
| 7 街灯の増設 | 30 | 5.7 |
| 8 その他 | 20 | 3.8 |
| NA・無効 | 79 | 15.0 |
| 回答総数 | 705 | 133.5 |
| 回答者数 | 528 | 100.0 |

(戸所研究室・2008年の音楽会来聴者アンケートより作成)

と符合するもので、イベントを通じて広報に努めることの重要性を物語る。

社家町活性化には集落の居住人口を増やすことと、来訪者を可能な限り長時間社家町及びその周辺に滞留させる必要がある。後者に関しては、如何に地域資源を来訪者に広報し、それらに触れる機会を創るかで成果は変わってくる。例年11月下旬〜12月初旬に開催される新そば祭りに参加した来聴者は7%で、知っているだけの人を含めても17%に過ぎない。78%の人が認知していないが、その3/4は関心を示した。

地域に滞留させるための地域資源も十分に活用されていない。この地域には榛名神社や宿坊などの文化財以外に、高崎市立榛名歴史民俗資料館、国登録有形文化財の榛名川上流砂防堰堤、榛名川河川敷水辺空間など自然を満喫しつつ歴史を学べる施設・空間が存在する。しかし、社家町入口にあり、駐車場も備えた歴史民俗資料館ですら、音楽会の来聴者にして71%が入館経験を持っていない。また、砂防堰堤は榛名神社本殿から数分の地にあるが行ったことのある来聴者は9%で、76%がアンケートで初めて知ったという(2009年アンケート)。堰堤周辺部もピクニックには向いているところである。同様に、榛名川河川敷水辺空間も、安全に十分配慮する必要があるが、家族連れが楽しく過ごせる自然空間である。これらを社家町滞留時間拡大にどう活用するかが問われている。

ところで、これまで社家町活性化委員会が中心となり、社家町の景観形成の一環として、板塀化や統一看板の設置に取り組んできた。こうした取り組みに対して74%の来聴者が、社家町らしくなった目に見える形の成果として評価している。そこで、比較的近隣の来聴者からみて、今後どの様な取り組みをすべきかを尋ねた。その結果は、町並み景観の統一が最も多く26.7%、次いでこれ

まで再三述べてきた駐車設備の充実で 24.4 %、トイレ設備 23.1 となる (**表 6-5**)。また、店舗サービスの充実を求める声が多い。これらは、参拝者・観光客でも同様の要望を述べており、今後ともその整備に努力する必要があるものと言える。

## 7. 地域活性化政策の成果と課題を踏まえた新たな展開方向

　榛名神社・社家町は地域住民・行政・支援者が一体となって、地域資源を活かすために着実に進化しつつある。社家町の再生に取り組むまでは店舗も人家も減少傾向にあったが、2006 年までに 5 店舗増加して 17 軒となった。また、かつては停滞していた店舗改修も積極的に行われるようになっている。訪問者のうち初めてきた人を除くとほとんどの人が、社家町の活性化を肌で感じると答えている。訪問するたびに変化が見られ、それが新たな魅力を生み出しており、再訪する要因となっている。このように着実に榛名神社・社家町の再生への努力は実を結びつつあるが、2009 年までに高齢化で数店舗減少しており、改めて小規模観光集落の再生には常住人口の再生が最大課題であることを再認識させられる。

　こうした中で榛名神社・社家町に新たな魅力を付加するには、既述の改善方策の実現が必要である。同時に、最も重要なことは活性化事業の中で培った地域住民・行政・支援者の一体感をさらに醸成し、高めることである。特に、地域住民がその気になれば、できないと思っていたことができ、榛名神社・社家町への訪問者も着実に増えてきた。この経験をバネに、さらなる発展に夢を抱き、希望を持ち、実現へと行動する以外にない。

　新たな取り組みには様々な困難が伴うが、費用対効果を勘案しつつ、常に新たな展開を地域住民が主体となって、行政や支援者のアドバイスを受けつつ模索していく以外に方法はない。その基本は、その地域を一番良く知っている住民が地域の問題点を自ら発見し、その問題の急所を捉え、その解決策を住民誰もが一致して取りかかれる政策として立案し、遂行することに尽きる。そうすることで、社家町は、合併による高崎市としての大都市化の中で個性豊かな自立した分都市になれるといえよう。

<注>

1) 戸所　隆：「変革期における榛名神社社家町の再生戦略」日本都市学会年報 40、pp. 177-181、2007年
2) 「はるな・果樹あるTOWN振興計画策定調査」検討協議会・(財)広域関東圏産業活性化センター『はるな・果樹あるTOWN振興計画策定調査　榛名町地域・観光振興計画』、2003年3月
3) 榛名町：『榛名町第4次総合計画』、2006年3月
4) 戸所　隆：『地域政策学入門』古今書院、2000年

# 第3部

# 観光集落の創生

　どこのまちにも観光集落創生の芽はある。まだ何ら観光集落とは言えない平凡なまちを取り上げ、観光集落創生への視点やその方法について考えてみる。

# 第7章
# 観光集落創生に向けた地域資源の
# 再認識・再整備

## 1. 個性的地域づくりに必要な「大都市化分都市化型都市構造」

　現代都市は技術革新やそれに伴う国家政策の転換に対応し、地域の実情にあった新たな都市構造を構築しなければならない。そのため高度知識情報化社会の構築を目指すには、従前の閉鎖・階層型ネットワークからコンピュータ・ネットワークに規定された新たな開放・水平型ネットワークを基本とする「大都市化分都市化型都市構造」へ転換する必要がある(図7-1)[1]。

　"分都市化"とは、都市が多核心型のまとまった一つの都市へと成長(大都市化)しつつ、それぞれの核を中心に自立性の高い地域(分都市)が析出されてくる過程とその結果の状態を意味する著者の造語である。分都市は大都市化する都市全体を代表する分都市(都心)とその周辺に位置する多数の分都市に二分される。しかし、それぞれの分都市の自立性は高く、個性豊かな分都市間に上下関係はない。情報社会では個性豊かな分都市が相互に水平ネットワークする中で全体としても個性的で力のある大都市を創造していく必要がある。

　それはなぜか。かつての東京は都心－副都心－副副都心－……と階層的で閉鎖的な垂直ネットワーク型都市構造であった。また、年輪のごとく都心から外に向かって、都心周辺部・周辺市街地・郊外と地帯構造化されていた。こうした縦型社会では最も力のある中心地域が都市圏全体を支配し、結果として都市内の多様な地域性を喪失させてきた。しかし、現在の東京はそれと異なる構造に転換し、これまで以上に都市力を増強しつつある。それは、今日の東京は外から見れば一体化した巨大都市であるが、東京を構成するそれぞれの地域は自立的で個性豊かな分都市化を進めているためである。すなわち、東京は新宿・

第7章　観光集落創生に向けた地域資源の再認識・再整備　　　157

池袋・渋谷・品川・上野・浅草・神田・恵比寿・柴又など多くの個性的な分都市が山手線・地下鉄・私鉄線などの交通網や通信網で水平ネットワークされた巨大都市に変化している。こうした大都市化分都市化型構造への変化は、知識情報化社会においては都市の大小を問わず必要となる[2]。

各都市が地域性を重視した独自の地域政策によって新たな都市構造の構築を成し遂げることが、地域主権を確立することに繋がり、地方分権を推進することになる。平成の大合併で市域面積・人口・行政機構の拡大（大都市化）した自治体は、合併前市町村の特性を活かした都市内分権によって、開放・水平型ネットワークを旨とする「大都市化分都市化型都市構造」に再構築する良き機会であった。しかし、平成の大合併後に都市内分権を推進し、一定の成果を上げつつある都市は上越市などいくつか

＜従来の都市圏構造＞

大都市化

＜大都市化と分都市化＞

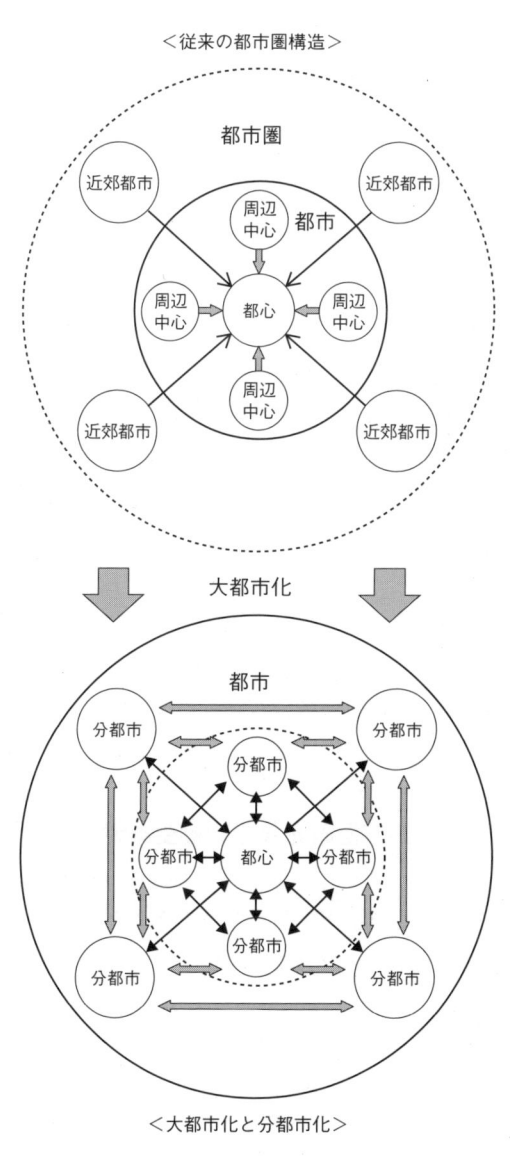

図7-1　大都市化と分都市化による都市構造の変化

あるものの、その数は少ない。現実には、中心都市の中心部に機能が集中し、特色ある旧町村部や都市内生活圏の衰退が目立ってきている。まさに日本全体における東京一極集中と地域間格差の拡大現象が、各都市内でも顕在化したと言える。

こうした中で豊かな地域社会を再構築するには、身近な生活圏(分都市)を生活者にとって利便性の高い快適な地域にする必要がある。また、身近な生活圏の価値を広い視野に立って再認識し、誇りを持っていつまでも住み続けたい地域にしなければならない。どんな地域にも必ず他地域からみて特色のある地域資源が存在する。生活者にとっては何の価値もないと思う日常そのものであっても、他地域の人にとっては貴重な非日常のものが沢山ある。要は日常性に埋没して気がつかないだけである。

どの地域(分都市)にも立派な観光地になる要素・資源がある。これからの地域づくりの方法として、身近な地域資源を再認識し、それを活かした観光集落創生が重要となる。生活者が誇りを持って地域づくりに励むところは、利便性・快適性・創造性などに富んだ活力ある地域である。そうした地域は訪問者にとっても良き印象を残す地域である。また、結果として特色ある地域づくりをするために、地域自治の必要性を認識する住民が増加し、都市内分権を推進し、特色ある都市内都市(分都市)を再構築することになろう。

## 2. 分都市型観光集落の創生条件

大都市化分都市化型まちづくりよる分都市型観光集落の創生条件には、次の条件整備が必要となる。

### (1) 誰もが歩きたくなる都市環境の整備

同じ大きさのものなら速いスピードの物体ほど、多くの空間を必要とする。そのため、自動車の普及した20世紀型都市には、街並みの連続性がなくなり、歓楽性・安全性も低下した。同時に市街地も拡大し、車を利用せざるを得ない状況を創ってきた。車に乗っていては建物のデザインや人々のファッションに目を遣る余裕もなく、ウインドー・ショッピングの機会も減少する。その結

果、人々は歩くことを忘れ、市街地は無節操に拡大し、次第に街の美的感覚も低下し、つまらない街が形成されてきた。

科学技術の発達で優れた交通手段が開発されようとも、歩くことは人間の基本的移動手段であり、健康上も欠かせない。そのためには分都市の大きさを歩いて暮らせるヒューマンスケールのコンパクトなまちにする必要がある。また、街並みを地域の歴史や文化遺産・自然と調和させ、誰もが歩きたくなる安全・快適な都市環境と空間にしなければならない。

### (2) 日常生活の利便性・快適性の確保

コンパクトで高質な都市空間の創造には、日常生活に必要な各種の店舗、診療所などの対個人サービス機関、公園などが歩行圏内になければならない。歩行圏内に一定水準の利便性や快適性が担保されないと、人々はそれらを求めて行動範囲を拡大する。その結果は市街地拡大を誘引し、自家用車依存型都市となり、ヒューマンスケールのコンパクトなまちを造ることはできない。

### (3) 公共交通による分都市内・分都市間ネットワーク

歩ける空間づくりがコンパクトな分都市の基本である。しかし、人間の歩行距離には限界がある。それを補うためには公共交通機関の整備が不可欠となる。分都市内はコミュニティバスや自転車の活用が基本となる。また分都市間ネットワークは、軌道系公共交通機関を骨格にバスで補完するのが望ましい。コンパクトな分都市からなる21世紀型都市形成の成否は、公共交通ネットワークの構築如何といえる。

街の賑わいは商業的な魅力の他に、人が人を呼ぶ効果も大きい。コンパクトな空間で地域内外の多彩かつ魅力的な人々が交流可能な公共交通システムを再構築すべきである。

### (4) 町衆の活躍する交流空間

コンパクトなまちづくりは、新規開発による量的拡大の都市づくりから既存のストックを活用する再開発型都市づくりへの転換を意味する。それには、各地域の歴史や地域性、価値観を鮮明に打ち出し、地域のモノ・情報・カネを最

大限に活用することが不可欠となる。それを可能にするのが、地域を熟知した町衆である。

町衆は地域に住み、働き、地域の過去・現在そして将来を見据えながら地域の活力増進に努める人々である。また、地域の歴史を掘り起こし、固有の文化を育て、地域の結束を高める祭りなどを運営できる人材といえる。多くの町衆が、一定の空間内で日常的に交流することで新たな文化も創造される。それは、分都市運営を支える良きリーダーの育成に繋がり、他方で分都市の集合体である「大都市」の議員を育てることになる。

### (5) 求心力のある高質・高密度な積み重ね空間

コンパクトなまちづくりは、結果として再開発を積み重ね、歴史の重層化した高質・高密度な都市を形成する。しかし、歴史の重層化は、その地域が時代を超えて求心力を持ち続けない限り生まれない。また、地域の人々が不断の努力によって、各時代の地域資源を発掘し、その重要性を認識し、誇りを持って地域内外に情報発信しなければ高質・高密度な空間は実現できない。

### (6) 観光集落創生による活力ある地域経済・雇用環境の充実

地域内の人々に利便性・快適性をもたらす域内市場産業を充実させるには、その地域に域外から収入をもたらし、地域内雇用を拡大させる域外市場産業が必要となる。観光集落の創生によって、域外から来訪者を吸引し域内での消費を拡大させる機能を創設することで、域内雇用環境と域内経済は好転する。そうした環境整備に寄与する観光集落の創生が求められる。

## 3. 分都市としての前橋市総社地区の地区特性

以上の視点から本章では、前橋市総社地区を例に、観光集落創生を目指した地域づくりについて考えてみる。ほとんどの住民が観光的要素があるとは認識しない前橋市の一地区であるが、大都市化分都市化型まちづくりの視点から十分に観光集落として創生できることを提言し、今後の地域振興・地域づくり・観光まちづくりなどの一助としたい。

第 7 章　観光集落創生に向けた地域資源の再認識・再整備　　　161

写真 7-1　利根川を挟んで前橋中心市街地・群馬県庁・グリーンドームを望む

写真 7-2　ビクター前橋工場（音響関係の研究開発拠点）

　前橋市総社地区は利根川を挟んで前橋市の中心市街地・群馬県庁や市役所の集積する行政地区に接する（**写真 7-1**）。歴史的には総社藩として独自の領域を構成し、前橋藩とは異質な空間・地域性をもつ。総社地区は高燥の地で、その面積も約 6 km$^2$ に過ぎないが、古くから灌漑用水が整備され、豊かな農業地域として経済的に恵まれた地域を形成してきた。また、今日でもそれぞれ人口 30 万を超す前橋・高崎両都市の中心市街地の中間にあり、都市的変化の著しい各種の中心機能が集積する地区である。

　総社地区（**図 7-2**）は、1954（昭和 29）年まで群馬郡総社町として独立の自治体であったが、昭和の大合併時に大前橋建設をうたう前橋市からの誘いに乗り[3]、1954 年 4 月 1 日に前橋市に吸収合併された。その結果、総社地区は前橋中心市街地を頂点とする階層構造に組み込まれ、その中心性は低下した。

　利根川を挟んで中心市街地に接する総社地区には、前橋の産業構造や税収構造を変えるために、合併直後に工業団地計画が提示され、1950 年代後半には工業団地の造成が始まった。工業団地には日新電機、ビクター、NSK 日本精工、ナカヨ通信、日本製線、ペプシコーラをはじめとする大企業が進出し、その関連企業も集積した（**写真 7-2**）。また、隣接して問屋団地が建設され、各種の業務機能や都市ホテルや行政機関の集積もある。こうした一連の開発により、この地区を中心とする利根川西地区は小面積にもかかわらず、前橋市全体の税収の約 1/3 をあげるなど、前橋市全体に大きく貢献している（**写真 7-3**）。しかし、合併前から豊かであった総社地区への市民生活に直結した公共投資は少な

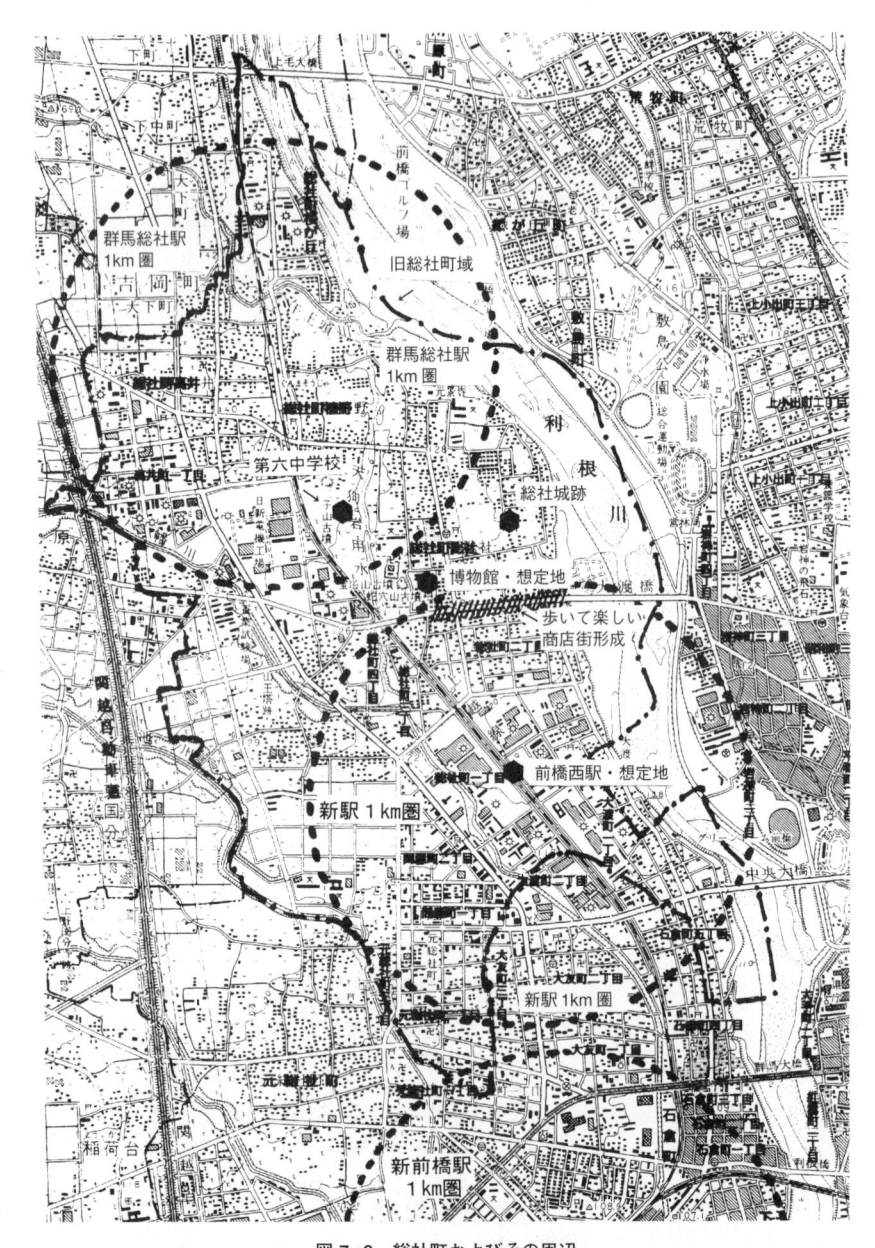

図 7-2 総社町およびその周辺
(国土地理院 1/25,000 地形図を基に前橋市役所が 2004 年に調整した図を元に戸所　隆作成)

第7章 観光集落創生に向けた地域資源の再認識・再整備　　163

写真 7-3　総社地区（左：旧市街地方面、右：工業・問屋団地方面）

写真 7-4　国史跡（左：蛇穴山古墳、右：塔山古墳の石棺）

く、税収の恩恵を十分に享受してこなかった。また、前橋市の中心市街地に近接することで、中心街と郊外の大型店開発の狭間になり、生鮮三品等日常生活に必要な店舗が減少し、利便性が低下してきた。さらに、地域の人々も総社地区に立地した工場や事務所を地域の活力として活かせずにいる。

　群馬県央部は東北日本と西南日本、日本海側と太平洋側を結節する地理的条件を備え、古より人的にも物的にも他地域との交流が盛んな地域である。中でも総社町とその周辺地域は、7～8世紀における東国文化の中心地域であった。そのため総社町には歴史性豊かな地域資源が多くある。国史跡の二子山古墳・宝塔山古墳をはじめ、蛇穴山古墳・愛宕山古墳・王山古墳などからなる総社古墳群や山王廃寺などはその一つである（**写真7-4**）。また、総社地区に南接する前橋市元総社地区には、律令時代の大国・上野国の国府が置かれ、西隣の高崎市国府地区には国分寺（**写真7-5**）が設置され、総社町一帯には今日まで多くの

写真 7-5　西隣の高崎市国府地区の国分寺跡

写真 7-6　秋元長朝の総社城と佐渡奉行街道の総社城下町復原図（前橋市案内板）

写真 7-7　秋元家の菩提寺・光巌寺（左：秋元廟、右：秋元廟の龍の天井画）

写真 7-8　豊かな総社の経済基盤を構築した天狗岩用水

写真 7-9　光巌寺境内の「力田遺愛碑」

第7章 観光集落創生に向けた地域資源の再認識・再整備 165

古代の史跡・文化財が残存する。

近世初期になると総社町には秋元長朝によって総社城が築かれ、佐渡奉行街道の通る城下町として発達した(**写真 7-6**)。秋元家には老中として幕閣で活躍した藩主も多く、総社を治めた後は都留・川越・山形藩主などを勤め、館林藩主として幕末を迎えている。このように秋元家は各地を転封したが、歴代藩主の墓は菩提寺である総社町の光巌寺にある(**写真 7-7**)。利根川を挟んだ前橋市中心街は酒井・松平の居城であり、歴史的にみても総社町は独自な地域性を構築してきており、その政治・行政的中心性は相当高かったといえる。

写真 7-10　全国一の創作こけしの産地(群馬総社駅前の碑)

また、総社町は経済的に豊かな地域として形成された。その要因の一つは、古墳群や国府、国分寺の立地する古代文化の中心地・交通の要衝としての地理的位置にある。また、赤城・榛名両火山のローム層からなる畑地を、江戸時代初期に灌漑用水の開削によって水田に変えたことが大きい。すなわち、総社の民は領主秋元長朝と一体となって天狗岩用水を開削し、総社の地を水田地域へと転換させ、豊かな経済基盤を構築した(**写真 7-8**)。その様子は、光巌寺境内に残る「百姓等之を建つ」と農民が領主の徳を称えて建立した「力田遺愛碑」(群馬県史跡指定)からうかがい知れる(**写真 7-9**)。一般的に領主の重税に苦しむ農民が多い時代におけるこの碑の意味は大きい。

稲作と共に藩政期からこの地域の経済を豊かにしたのが蚕糸業であった。総社町に隣接する前橋藩でも士族授産に製糸業が用いられ、日本最初の機械製糸場を幕末に開設している。また、明治初年には群馬県内に官営の富岡製糸場・新町紡績所が操業を始めた。明治27年に総社町民の資本による群馬県初、日本で5番目の水力発電所が総社町の天狗岩用水に建設された。また、県立蚕業試験場も立地し、上越線の開通と群馬総社駅の開設は工業化時代の基盤整備をなし、第二次世界大戦後にはロクロ技術を生かして全国一の創作こけしの産地を形成している(**写真 7-10**)[4]。さらに、工業団地や問屋団地の造成で前橋市

写真 7-11　秋元公の遺徳を偲ぶ総社秋元祭り

全体の高度経済成長を支えた。そのため、今日では多くの優良企業が立地し、法人事業税等で前橋市全体への貢献度も大きい。それにも係わらず、合併により総社の存在・歴史は、前橋の中に埋没した。たとえば、前橋市の都市紹介誌類においては前橋藩主の酒井家や松平家に重心を置くため、総社城や秋元家を知る人は少ない。

しかし、知識情報化時代では、地域性を主張する「大都市化分都市化型都市づくり」に転換する必要がある。そのため、前橋市総社地区でも地域の歴史の見直しが始まり、伝統行事の復活や新たな祭りへの取り組みが始まった。「秋元歴史祭り」の創設（**写真 7-11**）や暫定的な総社資料館（かつての酒造蔵を活用）の設置はその例である。その結果、地域のアイデンティティを求める人々が多くなり、東国文化の中心地としての誇りも持つ人々も増えた。また、前橋の中にあって分都市的意識で地域の再生を図ろうとする人々も見られる。総社地区の地域資源と分都市化の動きの中に、観光集落創生の芽があると言える。

## 4. 観光集落創生への試論

居住者が誇りを持って満足して生活できる観光集落として総社地区を創生するには、少子高齢化と知識情報化社会に対応したヒューマンスケールの、高質でコンパクトな都市空間にする必要がある。それには車優先のまちづくりから、安全に歩いて暮らせるまちづくりに変えねばならない。また、知識情報化社会の構築を先導できる人材の育成と集積が求められる。そのためには、利便性に優れ、教育・医療環境の整った美しい景観の町にする必要がある。こうした環境を一気に整えるのは不可能であるが、戦略的事業を重点的に推進することで実現できよう。

総社地区を観光集落として創生するために今後 10 年間で必要な戦略的事業

は、次の5事業と考えている。すなわち、①美しい景観形成と歩いて暮らせるまちづくり、②総社地理歴史博物館の創設と地理歴史回廊の設定、③小型ショッピングセンターの立地による生活利便性の向上、④JR上越線「前橋西駅」の新設、⑤鉄道・バス等公共交通の充実、である。

### (1) 美しい景観形成と歩いて暮らせるまちづくり

　総社地区の町並みは城下町時代の街道沿い町屋部分と農村集落から構成され、歩行者対応型のまちづくりであった。しかし、前橋の工業化の中軸を成す工業団地が造成されることで、高度成長期以降のまちづくりの基調は自動車対応型になっている。伝統的な市街地には歩道のある街路は少なく、あっても狭く歩きにくい。また、新しい街路も歩道のない自動車中心街路が多い。さらに、街路樹も市内他地域に比べ少なく、その管理も悪い。その結果、安全に歩いて暮らせる生活環境にはなく、歩く人も少ないのが現状である。総社地区には歴史的に貴重な地域資源が沢山あり、それらもまちなかを歩くことで認識でき、その価値を高めることができる。

　建物の側壁や屋根の色彩がまちまちであるなど景観形成にも問題がある。美しい景観づくりを先導すべき教育施設が、景観破壊を促進している。2004年に完成した第六中学校のデザイン[5]は、隣接地にある国史跡の二子山古墳や愛宕山古墳への配慮がない。屋根は、校舎が黒で体育館は青と一体感がない。体育館の隣接地には青屋根の大規模工場があるため、工場が増設されたかの印象を受ける。また、第六中学校の旧校舎を総社小学校校舎に使用すべく改修されたが、校舎の側壁はこれまでのモスグリーンからオレンジとベージュに変わった。そのため、周囲にある秋元家の菩提寺・光巌寺や宝塔山古墳、天狗岩用水の緑とのミスマッチが著しい。

　行政の関わる建築物ですらこうした状況であるため、民間の建物は色彩・材質・形態とも多種多様なものとなり、地域性が喪失されてきている。地域性を体感できる美しい景観形成を行うには、まちづくりを地域から発信する必要がある。歴史的景観形成を必要とする地区には、都市計画法に基づく地区計画を導入すべきである。また、美しい景観形成と歩いて暮らせるまちづくりを実現するために、総社地区全域への土地利用規制や景観規制が必要となる。これを

実現するには、地域住民の理解と協力が不可欠であり、意識改革を図る施策が先ず求められる。

総社地区全域への土地利用規制や景観規制を一気に行うことは不可能である。意識改革を進めるにはモデルとなる地区を選定し、理解を広める必要がある。総社地区内で伝統的養蚕農家建築物の集積する山王集落は、全国的に見ても貴重な文化景観である。しかし、近年そのすばらしい景観が近代的建築物に建て替えられてきている。山王集落に地区計画等が導入できれば、モデル地区に適していると考える。山王集落の景観保存と活用方策に関しては次章で詳述する。

### (2) 総社地理歴史博物館の創設と地理歴史回廊の設定

総社地区には多くの古代の史跡や近世の遺構、近代化遺産がある。しかし、それらの保存状態は良くない。行政も地域住民もこうした地域資源への関心が薄い。そのため、他所から来た人は、かかる歴史的に重要な地域であることを何ら認識せずに総社の地を通過してしまう。

総社地区を観光集落として創生し、前橋の観光拠点の一つとして都市観光時代における前橋市全体の活性化に資する政策として「総社地理歴史博物館」の創設が求められる。総社小学校の移転拡充に伴いその跡地が空いている。この用地に地区公民館を併設した「総社地理歴史博物館」を建設し、老朽化した総社公民館と本間酒造跡に間借りしている総社資料館を移す。そして、各所に分散所蔵される多くの文化財を収集保管・展示し、この地区の地理・歴史・文化財研究拠点・都市観光拠点とすることが望まれる。

旧総社小学校跡地に隣接する宝塔山古墳・蛇穴山古墳の環境整備も同時に行い、堀の復原も検討すべきであろう。更に、光巌寺と二つの古墳および博物館を一体的景観のもとに整備すれば、総社地区の観光価値は飛躍的に高まり、天狗岩用水をはじめ、総社水力発電所跡や総社城や幕府老中を多く排出した秋元家墓地なども蘇るであろう。また、旧総社小学校体育館はイベントホール・講堂として活用できる。さらに、総社地区が育てた近代こけしの展示即売などを行える空間を整備し、地域文化発信の拠点にすることができる。

他方で、古墳や山王廃寺跡、様々な歴史・文化景観などの貴重な地域資源

第7章　観光集落創生に向けた地域資源の再認識・再整備　　　169

は、まちなかを歩くことで価値を理解することになる。そのため、そうした地域資源を系統的に繋ぐ地理歴史回廊を創設し、歩いて楽しい空間形成を図る必要がある。

### (3) 小型ショッピングセンターの立地による生活利便性の向上

　郊外型大型ショッピングセンターの立地により、中小規模のショッピングセンターが大型ショッピングセンターに集約され、売上げの落ちた中小零細専門店は閉店している。そうした店舗閉店により生活利便性が低下しつつある地域は、中心商業地から半径2〜5km圏の地域である。総社地区はまさにその位置にあたり、自動車を使用しない人たちにとって不便な地区になってきている。

　総社地区に大型ショッピングセンターの立地は不要である。しかし、日常生活者が最寄り店舗として利用可能な小型ショッピングセンターへの需要は増大している。今後予想される人口減少下での高齢化社会にあっては、歩いて移動できる範囲に生活必需品が購入できる購買環境が不可欠となる。そのためには歩いて暮らせる土地利用のあり方を検討する中で、生活利便性が高く、質の高い小型ショッピングセンターの立地を計画誘導する必要がある。

### (4) 仮称・JR上越線「前橋西駅」の新設

　地方分権化時代を迎え、広域での地域間連携が重要になっている。そのため、従来の自立自治体を多数束ねて広域経済圏・生活圏を再構築する必要が緊要の課題といえる。こうした広域圏の再構築に際しては、鉄道による都市構造の骨格づくりが欠かせない。

　かかる視点から見た時、群馬県央地区は新町から高崎・新前橋・前橋・伊勢崎までほぼ環状にJR高崎・上越・両毛の各線が繋がり、伊勢崎・新町を結ぶ新線によって東京・山手線に匹敵する環状線ができる。その面積は現在の広島市や仙台市と同程度で、百万強の人口が居住し、経済活動も活発である。また、この環状鉄道は高崎から信越線、新前橋から上越線、新町から八高線、伊勢崎から東武鉄道などが放射状に敷設され、形態的に放射環状鉄道網がほぼできている[6]。

　しかし、形態的には放射環状鉄道網であるが、現行ダイヤは東京との結節に

写真7-12 仮称・JR上越線前橋西駅の想定地

主眼を置くため、群馬県央地域間での移動には不便となっている。東京・群馬間は新幹線や高崎線の特急列車・快速列車に任せ、それとは別系統で県央地域間連携を強化する鉄道ダイヤにすることで、都市観光を活性化することができよう。県央地域間の移動が鉄道中心になれば、鉄道とバスが各鉄道駅で連携でき、歩いて暮らせるコンパクトなまちや高齢化社会に適した生活環境を構築しやすくなる。そのためには県央都市圏の鉄道駅に歩いて15分で到達できるよう駅間距離を2kmに設定する必要がある。すなわち、駅勢圏1kmが連続することで、乗っては降り、降りては乗る山手線を中心にした東京のような鉄道体系ができる。こうした構造を構築するには、可能なところから駅を増設する必要がある（**写真7-12**）。

総社町の王山運動公園と2号団地公園に面した地区は、それに最も適した駅増設地であり、この仮称「前橋西駅」が総社地区及び前橋をはじめ群馬県央地域の都市観光に及ぼすプラスの効果は大きい。この駅勢圏内には前橋2号工業団地・問屋団地等があり、約2万人の就業者や居住人口がおり、駅利用者は十分存在すると予測できる（**図7-2**）。

### (5) 鉄道・バス等公共交通の充実

総社地区でバスが最も利用され路線数・運行本数が多かったのは1960年代であった。前橋の都市構造や総社の地域構造は当時に比べ大きく変化し、路線も運行本数も激減した。また残った路線も運行経路は当時のままである。

かつての市民の行動範囲が狭く階層型都市構造の時代には、前橋の中心商業地と放射状に結ぶバス路線だけで事足りた。しかし、大都市化分都市化による水平ネットワーク型都市構造となり、市民の行動範囲は広がり、他地域からの人々との交流が活発化している今日、旧来の中心商業地からの放射型路線では対応できない。

今日の公共交通の活性化には、広域からの観光客を含めた様々な来訪者を視野に入れた交通政策が不可欠である。そのためには広域対応の鉄道駅が重要となり、鉄道ダイヤと連携したバス路線・ダイヤが求められる。また、大都市化分都市化型都市構造への変化に伴い各地に新設された中心施設を結節する路線の開発等、公共交通を利用する市民や来訪者の目線で対応する必要がある。

総社地区を通る新路線とその運行のあり方を総合交通政策として計画し、その運行実績を向上させ、中心街の活性化にも資する必要がある。

## 5. 観光集落創生推進機構としての「まちづくり協議会」の設立

都市域全体を対象とする計画は、行政が議会や公聴会などの適正な審議プロセスを経て市民に提案し、計画・実現する。この場合も、従来とは異なり、常に情報を市民に公開し、拡大・スプロール型の都市づくりから従来の都市空間を再構築した高密・高質でコンパクトな都市づくりを目指すこととなる。

他方で、分権化社会における地域レベルの都市づくりには、地域住民が主体的に取り組む必要がある。これからの地域づくりには、全国画一的なワンセット主義は通用しない。地域のアイデンティティを確立するためにも、その地域にとって何が重要か、何を特徴として打ち出すべきかが求められる。その選択は地域住民以外できない。

しかし、総合計画や都市計画マスタープラン、地域振興計画など地域の将来を左右する計画策定に地域住民が係わることはほとんどない。また、策定委員にならない限り、個人的提案の多くは最終的にどこかで消えていく。他地域の総合計画策定にいくら係わっていても、地元でその知識を活かせないと嘆く有識者も多い。

こうした事態を打開し、地域の声を政策立案担当者に届け、それを実現するには、それに適した組織が不可欠となる。道路の簡単な補修など日常的な住民要求には既存の自治会組織も機能する。しかし、新たな計画や総合的なまちづくりへの意見具申や計画策定には、行政の末端組織・下請的存在の既存自治会組織では機能しない。

まちづくりへの政策立案には行政とも対等で意見交換できる自立性が求めら

れる。それには専門的行政職員に加え、分都市ごとに地域社会を熟知した人々の参画を得て、分都市ごとの計画案を策定する必要がある。地域のまちづくりに精通した人をリーダーとし、まちづくりに熱意と努力を惜しまない専門家・支援者との混合組織が適している。また、その組織形態は自立性と水平ネットワークを基本に、風通しの良い NPO 的組織運営でなければならない。阪神淡路大震災時に脚光を浴びた神戸の自律型「まちづくり協議会」はそれに近い組織といえよう。

　生活する地域に他地域から多くの人々が来訪し、交流を深められる地域は益々魅力的になり、住民も誇りを持ち、地域の子供たちは勿論、他地域からも住みたいと多くの人々を吸引する地域となる。観光集落創生は何ら変哲もない地域から資源を見出し、自らの力でそれを磨き、他地域にはない魅力を付加していく市民のまちづくりである。そうした活動の上に立って、総社地区が地域に根差した政策を立案し行政にあるべき姿を提言していくには、その第一歩として賛同者有志による「総社まちづくり協議会」の設立が欠かせない。そこでの議論と行動の積み重ねが、大都市化分都市化時代における魅力あるわが町の実現、観光集落創生への道標になろう。

〈注〉
1) 戸所　隆：『地域主権への市町村合併 ―大都市化・分都市化時代の国土戦略―』古今書院、171 p.、2004 年
2) 戸所　隆：「分都市化と大都市化 ―コンパクトな都市づくり―」日本都市学会年報 34、pp. 160-165、2001 年
3) 総社町誌編纂委員会：『総社町誌』前橋市総社出張所、pp. 112-114、1956 年
4) 戸所　隆：「前橋市総社地区の近代こけし」地理 27-9、pp. 110-117、1982 年
5) 戸所　隆：「地域性・歴史性を活かした学校建設と地域づくりのあり方―前橋第六中学校移転拡充計画への政策提言を例に―」えりあぐんま(群馬地理学会)第 8 号、pp. 1-22、2002 年
6) 戸所　隆：「鉄道を活かした大都市化・分都市化構造のまちづくり」日本都市学会年報 37、pp. 209-213 頁、2004 年

# 第8章
# 文化的景観としての養蚕農家保存活用による
# 観光集落創生

## 1. 文化景観としての前橋市総社地区・山王集落

　人間はこの世に生を受けた限り、望むと望まないとに係わらず、生活空間の自然環境を活かしてたくましく生き抜こうと努力する。様々な自然環境の中で展開される人間の営みは、結果として人間と自然による共同作品といえる地域性豊かな景観を創造してきた。それは自然景観と人工景観が織りなす総合的な景観で、一定の空間・自然環境の中における人間活動の蓄積された結果といえる。すなわち、そうした景観は地理的空間における人間活動の歴史的な積み重ねとしての地域文化の具象である。人間が生存する地域すべてにこうした景観は創造されるが、個々の景観が他者に訴える力には、強弱がある。

　ところで、文化財保護法の第2条に「文化的景観」という用語がある。この「文化的景観」は「地域における人々の生活又は生業及び当該風土により形成された景観地で我が国民の生活又は生業の理解のために欠くことのできないもの」と定義される。この定義によれば、文化的景観は決して従来型の名勝地・景勝地だけを指すのでなく、どこにでもある人間と自然による共同作品としての地域性豊かな景観を意味すると解釈できる。

　こうした景観を文化的景観として保護する動きが20世紀末から世界的に強くなってきた。ユネスコの世界遺産の理念も人間と自然が織りなす生活文化を基礎とした文化的景観を、人類の遺産として保護しようとするものである。かかる視点から身近な地域を見渡した時、地域には様々な文化的景観があることに気づく。また、地域政策学の視点から見ると、文化的景観は地域の活性化を促す資源であり、それを核にコミュニティの再生も図れると考えられる。

**写真 8-1　山王集落の越屋根付き養蚕農家建物**
（左：北風を防ぐ樫ぐね、右：土蔵や物置など附属屋を設置）

**写真 8-2　門構えの大型養蚕農家建物**

　ここで取り上げる前橋市総社町の山王集落は、都市近郊にある何の変哲もない農村集落である（図8-1）。地域住民も特別な集落とは思っていない。しかし、「文化的景観」の視点で見ると、山王集落が従来とは異なって見えてくる。すなわち、延べ床面積 500 m$^2$ 前後の大規模な農家が数十棟並ぶ。その過半数の屋根の上には、「越屋根」といわれる小窓のついた換気口としての小さな屋根が付く。また、農家の屋敷の周囲は、北と西を中心に「樫ぐね」といわれる高さ 10 m 前後の立派な防風林が植栽されている（**写真 8-1・写真 8-2**）。

　山王集落の防風林を持つ大規模農家群は、明治から昭和の高度経済成長直前まで日本経済を支えた蚕糸業の産業遺産の一つ養蚕農家群である。横浜の経済的基盤は群馬県人がつくった。また明治以降、群馬県からは富士重工業（旧中島飛行機）をはじめ多くの先進的企業が生まれ、工業化社会の構築に先導的な役割を果たしてきた。それを可能にした技術的・資本的・精神的基盤として、蚕糸業の存在は大きい。そうした文化的景観を代表するものとして、群馬県には旧官営富岡製糸場があり、その世界遺産への登録が課題となっている。

　旧官営富岡製糸場を世界遺産に登録させるには、製糸場を支えた養蚕農家に

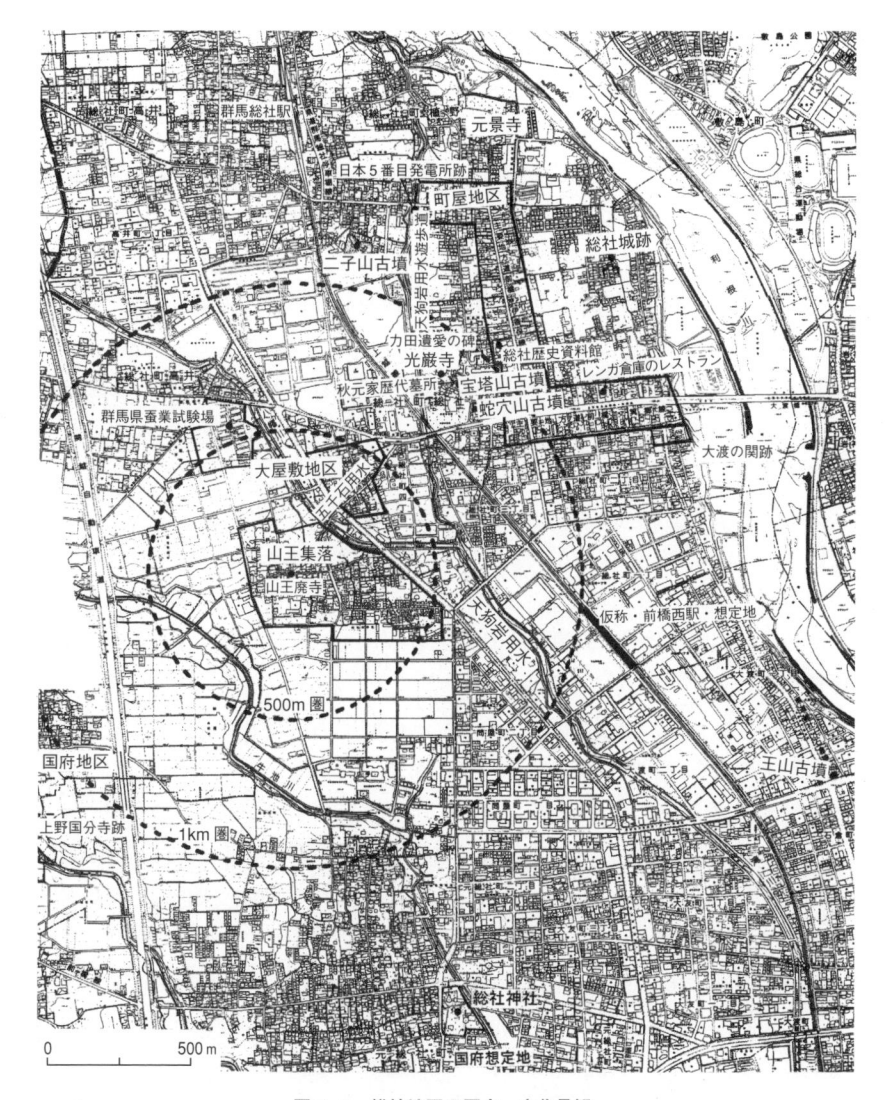

第 8 章　文化的景観としての養蚕農家保存活用による観光集落創生　　　175

**図 8-1　総社地区の歴史・文化景観**
（前橋市発行 1/10,000 都市計画図を元に戸所　隆作成）

よる繭生産、繭を原料とする製糸業での生糸生産、生糸から絹織物生産と続く一連の蚕糸業生産工程が、全体として文化景観として重要となる。その視点からも、山王集落の大規模養蚕農家群は貴重である。この山王集落を観光集落と

して創生することで、山王集落に隣接する総社地区各種文化財を発掘・整備し、それらと大規模養蚕農家群と連携させることで、新たなビジター産業を育成することも可能となろう。

本章では、貴重な大規模養蚕農家群を持つ山王集落を文化的景観として保存活用することに関する意識調査を行い、観光集落創生方策について検討する。

## 2. 養蚕集落景観を維持する山王集落の特性と研究方法

歴史的景観の重層化した総社地区の文化的景観は、農業社会から工業社会へ、工業社会から知識情報化社会へと転換する中で、急速に変化してきた。蚕糸業関連の文化的景観も相当数喪失した。そうした中で養蚕はほとんど行われなくなったものの、山王集落には大型養蚕農家が良好な状態で多数存在している。往時を偲ばせるこの大型養蚕農家群を文化的景観として維持保全することが課題となる。

群馬県の製糸業は、長野県のように大資本家による経営は少なく、地場資本経営や農民の出資金による組合製糸が多く、いわゆる女工哀史的状況は少なかった。すなわち、総社地区を中心とする地域でも、製糸組合・群馬社が大規模な製糸工場を元総社に建設している。また、利根川を挟む対岸の前橋市岩神地区には国立の蚕業試験場が設置され、山王集落にも県立蚕業試験場が立地した。県立蚕業試験場からは優秀な養蚕技術指導者や桑の品種改良技術者が数多く排出され、「群馬式簡易稚蚕共同飼育法」を考案し全国的に大きな影響を与えた[1]。

山王集落は、総社地区の南西部に位置する古くからの農村集落である。しかし、景観的には農村集落だが専業農家は少なく、約300m四方の美しい農村・山王集落が都市化地域に島のように存在する。すなわち、山王集落に隣接して新興住宅地区が形成され、山王集落の東200mには4車線の前橋・西部環状道路がある。その沿線は商業業務地区で、前橋警察署とも直線距離にして300mしかない。また、西約500mには関越自動車道が南北に走り、山王集落の1km圏には上野国国分寺跡も存在する。県立蚕業試験場の研究棟等や研究農場は、山王集落の北約200mに展開する。

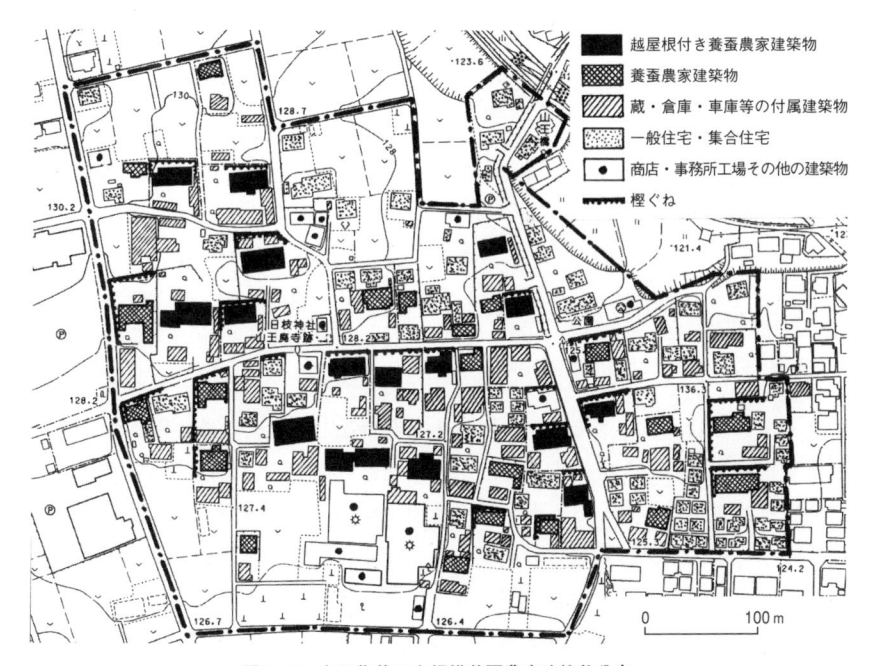

第 8 章　文化的景観としての養蚕農家保存活用による観光集落創生　　　177

**図 8-2　山王集落の大規模養蚕農家建築物分布**
(前橋市発行 1／2,500 地図をベースに 2006 年 11～12 月高崎経済大学戸所ゼミ調査)

　ところで本章では、「養蚕農家地区」である旧来からの山王集落と山王集落周辺の新興住宅地と大屋敷集落からなる「周辺住宅地区」に分けて検討する。「養蚕農家地区」と「周辺住宅地区」の市街地は概ね東西 600 m、南北 600 m で、その西半分が「養蚕農家地区(山王集落)」、東半分が「周辺住宅地区(大屋敷・新興住宅)」となる。両地区の総戸数は約 420 戸で、うち山王集落は約 80 戸、「周辺住宅地区」は約 340 戸である。

　山王集落には養蚕の際に換気を良好にするために設けられた「越屋根」をもつ大規模養蚕農家が 16 棟存在する(**図 8-2**)。また、これらの養蚕農家の多くは、敷地の北および西に「樫ぐね」と呼ばれる高さ約 10 m の防風林を有し、独特の景観を作り出している(**写真 8-3・写真 8-4**)。著者は群馬県内をはじめ全国各地の養蚕農家群を見てきたが、山王集落ほど大型養蚕農家がコンパクトにまとまって立地し、しかも保存状態の良いところはないと思う。そのため、2006 年 4 月から 11 月にかけて、文化庁関係者や地理学・歴史学・建築学関係

写真8-3 樫ぐねと大型養蚕農家建物

の有識者を現地に案内し、意見を求めた。その結果、地域住民や自治体など関係機関が伝統的建造物群や文化景観地区としての指定を受けるべく体制づくりをすれば、指定の可能性が高いとの感触を得た。

比較的良好な形で養蚕農家や集落形態・景観を山王集落が維持してきた要因として、次のことが考えられる。その第一は、古くから豊かな農村集落を構築してきたため、優秀な人材が農業を担ってきたことである。第二に、兼業を行いやすい前橋・高崎の都市域に位置し、養蚕が衰退しても現金収入を得やすい環境にあった。また、第三に分家の多くが、本家の敷地を分割するのでなく、山王集落に接した新興住宅地域に展開した。日本有数の養鶏用ヒヨコ生産会社に成長した企業も、本社は大型養蚕農家を活用し、工場や物流施設は集落に近接した集落外に展開している。さらに第四の要因として、大型養蚕農家所有者の経済的な豊かさと教養の高さが、伝統文化や景観維持への理解を高め、多額の費用を要する「樫ぐね」や建物・庭の維持管理を可能にしたといえよう。

しかし、他方で山王集落への都市化圧力は強く（**写真8-5**）、農業の担い手は減少し、家族構成も縮小している。そのため、個人の努力で広大な屋敷を維持管理することは困難になりつつあり、効果的な対策を講じない限り大型養蚕農家群の維持は難しく、近い将来に現代的建築物に建て替えられる懸念があり、その瀬戸際にあるといえる。

山王集落における大型養蚕農家群を将来にわたり維持保全するには、何らかの形で公的な支援を受ける必要があろう。そのためには、大型養蚕農家群を伝統的建造物群保存地区や文化的景観地区などへ指定することが求められる。そこで、地域住民の意向調査を行うべく、2006年11〜12月に著者の研究室でアンケート調査を実施した。アンケートは大型養蚕農家の集積する西半分「養蚕農家地区（山王集落）」と東半分の「周辺住宅地区（大屋敷集落・新興住宅地）」を対象とした2種類の調査票を用いて全戸を対象に訪問面接方式で行った。その

第 8 章　文化的景観としての養蚕農家保存活用による観光集落創生　　179

写真 8-4　越屋根付き大型養蚕農家建築
（左：2 階を蚕室に使用していたが、現在は快適な居住空間化、右：玄関間口だけでも約 4 m と大きい）

　結果、「養蚕農家地区」では世帯数の約 50 % にあたる 41 の有効回答数を、「周辺住宅地区」で 340 戸中 61（約 18 %）の有効回答を得ることができた。なお、訪問面接方式で調査を実施したため、アンケート調査項目以外にも様々な情報が得られた。
　調査に際しては地域の自治会長その他の積極的な協力で、回覧板等による調査広報が行われた。

写真 8-5　都市化の圧力を受ける山王集落

この有効回答数は調査期間内に複数回訪問しても留守の場合や調査拒否された世帯以外の全世帯である。周辺住宅地区には集合アパートも多く協力を得るのが難しく、概ね地域の意見を反映したものと考えている。

## 3. 地域の歴史性や文化的景観に関する認知度と関心度

### (1) アンケート回答者の特性

　「養蚕農家地区」では、建物形態から越屋根付き養蚕農家 8 戸、一般農家 8 戸、一般住宅 25 戸の 41 戸から回答が得られた。また「周辺住宅地区」では、越屋根付き養蚕農家 4 戸、一般農家 2 戸、一般住宅・その他 55 戸の 61 戸か

表 8-1　回答者が居住する建物の種類(単数回答)

| 回答項目 | 養蚕農家地区 | | 周辺住宅地区 | | 合計 | |
|---|---|---|---|---|---|---|
| | 人 | % | 人 | % | 人 | % |
| 1　越屋根付養蚕農家 | 8 | 19.5 | 4 | 6.6 | 12 | 11.8 |
| 2　一般農家 | 8 | 19.5 | 2 | 3.3 | 10 | 9.8 |
| 3　一般住宅 | 25 | 61.0 | 42 | 68.9 | 67 | 65.7 |
| 4　その他 | 0 | 0.0 | 13 | 21.3 | 13 | 12.7 |
| NA・無効 | 0 | 0.0 | 0 | 0.0 | 0 | 0.0 |
| 回答総数 | 41 | 100.0 | 61 | 100.0 | 102 | 100.0 |

(2006年11月～12月 高崎経済大学戸所ゼミ調査より作成)

ら回答を得ている。すなわち回答世帯で見る限り農家比率は養蚕農家地区で39％、周辺住宅地区で10％である(**表8-1**)。

　回答世帯の年齢構成は全体に高齢である。すなわち、山王集落では60歳以上が42％を占め、20歳未満は14％にすぎない。周辺住宅地区も60歳以上が30％と高いものの、養蚕農家地区ほどではなく、20歳未満も19％いる。大型養蚕農家での高齢化が進んでおり、建物の維持保全を困難にする可能性が高い。

　回答者の職業は、高齢化や都市化を反映して養蚕農家地区でも主夫・主婦(無職)が56％と多く、農業従事者は20％、会社員も5％にすぎない。ただし、周辺住宅地区の農業従事者5％、会社員26％、主夫・主婦(無職)44％に比べると養蚕農家地区での農業従事者比率は高いといえる。

　養蚕農家地区回答者の居住歴は、概ね誕生以来ないしは結婚以来となる。他方、周辺住宅地区では30年以上、16～30年、15年未満にほぼ等分される。詳細に見ると、一番多いのは41年以上の26％、次いで21～31年が23％、5年未満が16％、11～15年が15％と続く。周辺住宅地区は旧集落の大屋敷集落と新興住宅地からなるため、こうした居住歴構成となったと言える。

### (2) 文化的景観への関心度と評価

　居住地の文化的景観に対する住民の関心度や評価は、文化的景観の維持保全の在り方に影響をもたらす。そこで、山王集落の防風林を持つ大型養蚕農家群は客観的に見て日本有数の養蚕農家群であるが、住民がそうした農村景観や山

第 8 章 文化的景観としての養蚕農家保存活用による観光集落創生

表 8-2　山王集落の文化的景観や歴史文化財への意識（単数回答）

| 回答項目 | 養蚕農家地区 人 | 養蚕農家地区 % | 周辺住宅地区 人 | 周辺住宅地区 % | 合計 人 | 合計 % |
|---|---|---|---|---|---|---|
| 1 すばらしい農村景観なので残したい | 28 | 68.3 | 29 | 47.5 | 57 | 55.9 |
| 2 価値ある農村景観なら残したい | 11 | 26.8 | 24 | 39.3 | 35 | 34.3 |
| 3 わからない | 1 | 2.4 | 7 | 11.5 | 8 | 7.8 |
| 4 価値があるとは思わない | 0 | 0.0 | 1 | 1.6 | 1 | 1.0 |
| 5 もっと近代的な集落にしたい | 1 | 2.4 | 0 | 0.0 | 1 | 1.0 |
| 6 古くさい集落 | 0 | 0.0 | 0 | 0.0 | 0 | 0.0 |
| 7 その他 | 0 | 0.0 | 0 | 0.0 | 0 | 0.0 |
| NA・無効 | 0 | 0.0 | 0 | 0.0 | 0 | 0.0 |
| 回答総数 | 41 | 100.0 | 61 | 100.0 | 102 | 100.0 |

（2006年11月～12月 高崎経済大学戸所ゼミ調査より作成）

王廃寺跡などの歴史文化財をどの様に見ているかを尋ねた。

その結果は、すばらしい景観なので大切に残したいと過半数、56％の人が回答した。特に、養蚕農家地区では回答者の68％、3人に2人までが防風林を持つ養蚕農家群などに強い関心を持ち、プラスの評価をしている（表8-2）。この数字は周辺住宅地区に比べて20ポイントも多い。積極的に評価しない回答者にしても、「価値ある農村景観なら残したい」とする人が、養蚕農家地区で27％、周辺住宅地区では39％になる。この人たちは、山王集落の文化的景観の価値を伝えれば、関心度・評価を高める人たちである。

山王集落および周辺住宅地区全体で見て、「すばらしい景観なので大切に残したい」と「価値ある農村景観なら残したい」を合わせると90％になる。防風林を持つ養蚕農家群などの文化的景観維持保全への関心は極めて高いといえよう。

（3）養蚕農家・防風林の維持形態と集落の将来像

山王集落の大型養蚕農家群と防風林（樫ぐね）は、かなり良好な状態で今日まで維持されてきている（写真8-6）。それは居住者の自己負担とその努力の賜である。これらを将来に渡り、いかに維持保全すべきであろうか。

最も多い意見は、「行政による多少の補助」で回答者の47％を占める。次いで「国の指定による大幅な補助」と「わからない」が共に18％である。また、

表 8-3 養蚕農家や防風林の維持形態(単数回答)

| 回答項目 | 養蚕農家地区 | | 一般農家・住宅 | | 越屋根付養蚕農家 | | 周辺住宅地区 | | 合計 | |
|---|---|---|---|---|---|---|---|---|---|---|
| | 人 | % | 人 | % | 人 | % | 人 | % | 人 | % |
| 1 現状の各家庭による自己負担 | 5 | 12.2 | 5 | 15.2 | 0 | 0.0 | 7 | 11.5 | 12 | 11.8 |
| 2 行政による多少の補助 | 18 | 43.9 | 15 | 45.5 | 3 | 37.5 | 30 | 49.2 | 48 | 47.1 |
| 3 国の指定による大幅な補助 | 8 | 19.5 | 6 | 18.2 | 2 | 25.0 | 10 | 16.4 | 18 | 17.6 |
| 4 維持する必要はない | 1 | 2.4 | 0 | 0.0 | 1 | 12.5 | 1 | 1.6 | 2 | 2.0 |
| 5 わからない | 8 | 19.5 | 6 | 18.2 | 2 | 25.0 | 10 | 16.4 | 18 | 17.6 |
| 6 その他 | 0 | 0.0 | 0 | 0.0 | 0 | 0.0 | 1 | 1.6 | 1 | 1.0 |
| NA・無効 | 1 | 2.4 | 1 | 3.0 | 0 | 0.0 | 2 | 3.3 | 3 | 2.9 |
| 回答総数 | 41 | 100.0 | 33 | 100.0 | 8 | 100.0 | 61 | 100.0 | 102 | 100.0 |

(2006年11月～12月 高崎経済大学戸所ゼミ調査より作成)

表 8-4 山王集落における地域(まち)の将来像(単数回答)

| 回答項目 | 養蚕農家地区 | | 一般農家・住宅 | | 越屋根付養蚕農家 | | 周辺住宅地区 | | 合計 | |
|---|---|---|---|---|---|---|---|---|---|---|
| | 人 | % | 人 | % | 人 | % | 人 | % | 人 | % |
| 1 現状のままが良い | 10 | 24.4 | 9 | 27.3 | 1 | 12.5 | 23 | 37.7 | 33 | 32.4 |
| 2 養蚕農家景観を活かした住宅地 | 16 | 39.0 | 13 | 39.4 | 3 | 37.5 | 22 | 36.1 | 38 | 37.3 |
| 3 大型店の集積した便利なまち | 2 | 4.9 | 2 | 6.1 | 0 | 0.0 | 3 | 4.9 | 5 | 4.9 |
| 4 近代的な住宅地 | 5 | 12.2 | 4 | 12.1 | 1 | 12.5 | 2 | 3.3 | 7 | 6.9 |
| 5 養蚕農家景観を活かした観光地 | 2 | 4.9 | 1 | 3.0 | 1 | 12.5 | 4 | 6.6 | 6 | 5.9 |
| 6 事務所や商店の集積したまち | 1 | 2.4 | 1 | 3.0 | 0 | 0.0 | 1 | 1.6 | 2 | 2.0 |
| 7 先端的工業のまち | 0 | 0.0 | 0 | 0.0 | 0 | 0.0 | 0 | 0.0 | 0 | 0.0 |
| 8 豊かな農村 | 3 | 7.3 | 1 | 3.0 | 2 | 25.0 | 3 | 4.9 | 6 | 5.9 |
| 9 その他 | 2 | 4.9 | 2 | 6.1 | 0 | 0.0 | 2 | 3.3 | 4 | 3.9 |
| NA・無効 | 0 | 0.0 | 0 | 0.0 | 0 | 0.0 | 1 | 1.6 | 1 | 1.0 |
| 回答総数 | 41 | 100.0 | 33 | 100.0 | 8 | 100.0 | 61 | 100.0 | 102 | 100.0 |

(2006年11月～12月 高崎経済大学戸所ゼミ調査より作成)

現状の自己負担のままで良いは12％で、「維持する必要はない」は2％に過ぎない。文化的景観を維持保全するために、何らかの形で公的支援を求める人が多数を占める(**表8-3**)。

この維持保全方法に関する養蚕農家地区・周辺住宅地区間の意識差は小さい。しかし、養蚕農家地区内でも「越屋根付き大規模養蚕農家」と「その他の建

物」居住者では意識に差がある。すなわち、越屋根付き養蚕農家居住者で自己負担を答える人は皆無で、公的支援を3人に2人にまでが望んでいる。他方で、維持保全する必要はないと回答した唯一1名が越屋根付き農家の人で、わからないとする割合も越屋根付き農家で高い(**表 8-3**)。このことは、養蚕農家の建物と防風林の価値を認めつつ、当事者として

**写真 8-6** 樫ぐねが養蚕農家群の北側に連続する景観

の維持保全の大変さを物語るものである。それだけに放置すれば、近い将来、山王集落の大型養蚕農家群を核とした文化的景観は失われるであろう。

　ところで、居住者はこの地域をどのような街にしたいと考えているのであろうか。最も多いのは、「養蚕農家景観や文化財を活かした住宅街」の37％で、次いで「現状のままが良い」が32％である。他は、「近代的な住宅地」、「文化景観(養蚕農家)を活かした観光の街」、それに「大型店の集積した街」がそれぞれ5％前後に過ぎない。このことから居住者は、文化的景観を活かした静かな住宅地か現状維持を望んでいる。山王集落の現状が、居住者の気持ちと考えられる(**表 8-4**)。

　地区的には現状肯定派が養蚕農家地区(24％)より周辺住宅地区(38％)に多い。他方で、「近代的な住宅地」を求める人の割合は、周辺住宅地区(3％)より養蚕農家地区(12％)で多く、近代的住宅を望む越屋根付き養蚕農家居住者もいる。伝統的建物居住者にあっても、近代化に憧れる人と伝統文化を維持発展させようとする人に二極分化しつつある。

## 4. 大規模養蚕農家群保存に関する住民意識と保存方策

### (1) 養蚕農家地区における建物の築年数と外観改修の有無

　養蚕農家地区における築年数は、20年未満22％、20～39年27％、40～59年24％とコンスタントに新陳代謝が行われている。しかし他の地域に比べ、相対

表 8-5　養蚕農家地区における建物の築年数(単数回答)

| 回答項目 | 一般農家・住宅 | | 越屋根付養蚕農家 | | 合計 | |
|---|---|---|---|---|---|---|
| | 人 | % | 人 | % | 人 | % |
| 1　20年未満 | 9 | 27.3 | 0 | 0.0 | 9 | 22.0 |
| 2　20～39年 | 11 | 33.3 | 0 | 0.0 | 11 | 26.8 |
| 3　40～59年 | 8 | 24.2 | 2 | 25.0 | 10 | 24.4 |
| 4　60～79年 | 1 | 3.0 | 0 | 0.0 | 1 | 2.4 |
| 5　80～99年 | 0 | 0.0 | 3 | 37.5 | 3 | 7.3 |
| 6　100年以上 | 3 | 9.1 | 3 | 37.5 | 6 | 14.6 |
| NA・無効 | 1 | 3.0 | 0 | 0.0 | 1 | 2.4 |
| 回答総数 | 33 | 100.0 | 8 | 100.0 | 41 | 100.0 |

(2006年11月～12月 高崎経済大学戸所ゼミ調査より作成)

表 8-6　養蚕農家地区における農家の外観維持の予定(単数回答)

| 回答項目 | 一般農家・住宅 | | 越屋根付養蚕農家 | | 合計 | |
|---|---|---|---|---|---|---|
| | 人 | % | 人 | % | 人 | % |
| 1　現状で維持 | 22 | 84.6 | 3 | 37.5 | 25 | 73.5 |
| 2　内装を変えて維持 | 3 | 11.5 | 4 | 50.0 | 7 | 20.6 |
| 3　和風に新築 | 1 | 3.8 | 1 | 12.5 | 2 | 5.9 |
| 4　洋風に新築 | 0 | 0.0 | 0 | 0.0 | 0 | 0.0 |
| 5　その他 | 0 | 0.0 | 0 | 0.0 | 0 | 0.0 |
| 回答総数 | 26 | 100.0 | 8 | 100.0 | 34 | 100.0 |

(2006年11月～12月 高崎経済大学戸所ゼミ調査より作成)

的に新しい建物が少ない。他方で、第二次世界大戦前に建てた築年数60年以上の建物が全体の24％も存在し、その3分の2が100年以上の築年数を持つ古い立派な建物である(**表 8-5**)。

　養蚕農家地区の「越屋根付き大規模養蚕農家」8戸の築年数は、かなり古い。すなわち、築年数100年以上が3棟、80～99年が3棟で、残りの2棟も40～59年である。「その他の建物」の場合、61％が40年未満の築年数であり、越屋根付き大規模養蚕農家との差は歴然となる。ただし、養蚕農家地区では「越屋根付き大規模養蚕農家」以外でも、築年数40年以上が12棟あり、そのうち3棟は100年以上である。このように養蚕農家地区では、大規模かつ伝統的農家建築物が数多く存在する(**写真 8-7**)。

中心市街地に隣接する伝統的農村集落は、急速に近代的な建築物に建て替えられつつある。前橋市近郊もその例外ではない中にあって、山王集落はそうした状況にない。「越屋根」の有無に係わらず、かつての養蚕農家(回答 41 戸の内 34 戸)に対して、建物の新築・改修予定を尋ねた。その結果は、現状維持が 73％、

写真 8-7　越屋根のない大型養蚕農家建物

内装を変え外装を維持が 21％である。すなわち、94％が外観的には現状維持を指向している(**表 8-6**)。また、新築する場合も和風を選択するが、和風といっても京風建築や数寄屋様式となるため、違和感は否めない。

　以上のように、一定の規範内で建築行動をしようとする住民意識は、どのような要因に基づくのであろうか。それに関して次のことが考えられる。その第一は、古くより経済的に豊かな地域ゆえに、良質な資材を使用した堅固な建築物が多いことである。第二に、伝統的景観とその生活様式を維持することを良しとする地域コミュニティの存在がある。第三に、大規模農家が多く、歴代の当主が今日まで農業を継いできている。その結果、自らの生活する地域の過去・現在・未来を語れ、地域を良くしていこうと自己実現を図る町衆たる人材が存在することである。これは京町家における維持保全やコミュニティの持続的発展要因に似たものといえよう。

　こうした要因がうまく機能した結果、山王集落は自力で良好な農村景観を今日まで維持し、これからも維持しようとしている。しかし、情報社会の進展と少子化の中で、今後は持続的に後継者が存在するとは限らない。また、人口減少社会とはいえ、前橋と高崎の中心市街地に挟まれた集落ゆえに都市化の圧力は強い。さらに、急速に住民の考え方が変化しつつあり、生活様式もコミュニティの変化も著しい。こうした中で、伝統的な文化的景観を維持保全することは相当な努力と経費が必要となる。

表 8-7 国の文化的景観・伝統的建築物保存地区指定への希望(単数回答)

| 回答項目 | 一般農家・住宅 | | 越屋根付養蚕農家 | | 合計 | |
|---|---|---|---|---|---|---|
| | 人 | % | 人 | % | 人 | % |
| 1 指定を望む | 7 | 21.2 | 1 | 12.5 | 8 | 19.5 |
| 2 条件付きで指定を望む | 8 | 24.2 | 2 | 25.0 | 10 | 24.4 |
| 3 分からない | 14 | 42.4 | 2 | 25.0 | 16 | 39.0 |
| 4 望まない | 3 | 9.1 | 3 | 37.5 | 6 | 14.6 |
| 5 その他 | 0 | 0.0 | 0 | 0.0 | 0 | 0.0 |
| NA・無効 | 1 | 3.0 | 0 | 0.0 | 1 | 2.4 |
| 回答総数 | 33 | 100.0 | 8 | 100.0 | 41 | 100.0 |

(2006年11月～12月 高崎経済大学戸所ゼミ調査より作成)

## (2) 国の文化的景観地区・伝統的建造物群保存地区指定等に対する意識

　良好な状態でコンパクトにまとまって存在する山王集落の大規模養蚕農家群とその周辺環境は、この地域の伝統的な文化・産業景観を表象している。この大規模養蚕農家群は、すでに伝統的建造物群保存地区の指定を受けた群馬県吾妻郡六合村の赤岩地区や様々な形でマスコミに取り上げられる伊勢崎市境町島村地区のそれに劣らない。むしろ優れているといえよう。それだけに、当該住民が国の文化的景観地区や伝統的建造物群保存地区の指定を望み、地域住民の賛同と研究者や行政の支援など官民が一体となれば、指定の可能性が高い地区である。そこで、養蚕農家地区で指定希望の有無を尋ねた。

　その結果、養蚕農家地区の回答者41人の20％が指定を望んだ。また回答者の24％が条件付きで指定を希望した。この両者を合わせると指定希望は44％となる。他方で、指定を望まない人は15％で、希望者の3分の1である。むしろ現在、どうするべきか「分からない」人が39％と多くなっている。既述のように、大きな変貌が予想される環境にある地域である。それだけに「分からない」という人を減らすために、住民が将来のあるべき地域像を見出し、協調してその実現に努力する必要がある(表8-7)。

　次に、「越屋根付き大規模養蚕農家」と「その他の建物」居住者で見てみよう。指定物件となる「越屋根付き大規模養蚕農家(8棟)」の居住者は、国の指定を希望する3、望まない3、分からない2に三分された。現在の景観を維持するには、何らかの形で行政の支援が必要になり、指定は不可欠と考えざるを得な

い。しかし、指定を受ければ自由が制限されるので、指定を希望しない人が出るのも自然である。この場合、経済的余裕があり伝統的な文化・産業景観の維持保全に理解のある所有者は自力で維持保全を行おうとする。だが、経済的余裕がない所有者や伝統的な文化・産業景観に関心のない所有者の建物は、近い将来自然消滅していくことになろう(**写真 8-8**)。

写真 8-8 2006年4月撮影のこの養蚕農家建物も2007年9月に消滅

　アンケートの回答が得られた「越屋根付き大規模養蚕農家」8戸のうち1戸は、山王集落の将来像として近代的な住宅地を望み、自宅の文化財指定を望まない。また、都市型和風建物への新築を望んでいる。世代交代の中でこうした考えが増加することは容易に予測できる。それだけに、人々の意思疎通を図りながら、貴重な文化的景観の維持保全方針を早急に決める必要がある。

### (3) 国の文化的景観地区・伝統的建物群保存地区等の指定後の対応

　何らかの形で大規模養蚕農家群が国の保存指定を受けた際、当事者ならびに周辺住民がどのような対応や協力の意向を持つかを複数回答で尋ねた。最も多い回答は、「文化財保護への協力」の34%、次いで「町並み整備に協力」の27%、「家屋改築時に周囲の景観に合わせる」の25%である(**表 8-8**)。

　以上は目に見える公共的景観整備やその保全が中心で、「家屋改築時に周囲の景観に合わせる」も非日常的な対応である。日常的な対応形態では「訪問者への協力」の20%が最も多い。しかし、文化財指定の建物見学や日常的な環境整備、長野県小布施町で成功したオープンガーデンなどで交流人口を増やす「自宅や庭を整備し訪問者に開放」は6%と少ない。また、「見学者相手の商売」を興し、環境変化に対応しようとする人はゼロである。

　地区別には養蚕農家地区で「文化財保護への協力」が44%と周辺住宅地区の28%に比べ多い。他方、「町並み整備に協力」は周辺住宅地区の33%に対して、

表 8-8　国の文化的景観地区等に指定された際の対応（複数回答）

| 回答項目 | 養蚕農家地区 | | 一般農家・住宅 | | 越屋根付養蚕農家 | | 周辺住宅地区 | | 合計 | |
|---|---|---|---|---|---|---|---|---|---|---|
| | 人 | % | 人 | % | 人 | % | 人 | % | 人 | % |
| 1　改築時に周囲の景観に合わせる | 10 | 24.4 | 9 | 27.3 | 1 | 12.5 | 15 | 24.6 | 25 | 24.5 |
| 2　他地域への情報発信 | 2 | 4.9 | 2 | 6.1 | 0 | 0.0 | 11 | 18.0 | 13 | 12.7 |
| 3　文化財保護に協力 | 18 | 43.9 | 15 | 45.5 | 3 | 37.5 | 17 | 27.9 | 35 | 34.3 |
| 4　訪問者への協力 | 8 | 19.5 | 6 | 18.2 | 2 | 25.0 | 12 | 19.7 | 20 | 19.6 |
| 5　自宅や庭を整備し訪問者に開放 | 4 | 9.8 | 2 | 6.1 | 2 | 25.0 | 3 | 4.9 | 7 | 6.9 |
| 6　町並み整備に協力 | 7 | 17.1 | 4 | 12.1 | 3 | 37.5 | 20 | 32.8 | 27 | 26.5 |
| 7　見学者相手の商売 | 0 | 0.0 | 0 | 0.0 | 0 | 0.0 | 0 | 0.0 | 0 | 0.0 |
| 8　何もしない | 5 | 12.2 | 4 | 12.1 | 1 | 12.5 | 9 | 14.8 | 14 | 13.7 |
| 9　その他 | 1 | 2.4 | 1 | 3.0 | 0 | 0.0 | 1 | 1.6 | 2 | 2.0 |
| NA・無効 | 2 | 4.9 | 2 | 6.1 | 0 | 0.0 | 2 | 3.3 | 4 | 3.9 |
| 回答総数 | 57 | 139.0 | 45 | 136.4 | 12 | 150.0 | 90 | 147.5 | 147 | 144.1 |
| 回答者数 | 41 | 100.0 | 33 | 100.0 | 8 | 100.0 | 61 | 100.0 | 102 | 100.0 |

（2006年11月～12月 高崎経済大学戸所ゼミ調査より作成）

養蚕農家地区は17％と約半分である。伝統的町並みが既に整っている養蚕農家地区では、新たな町並み整備の必要性を感じないためであろう。

　養蚕農家地区の「越屋根付き大規模養蚕農家」では「文化財保護への協力」、「町並み整備に協力」、「訪問者への協力」、「自宅や庭を整備し訪問者に開放」が選択されている。文化的景観の維持保全当事者として、かなり意識が高いことが知られる（**写真 8-9**）。

## 5. 文化的景観の活用による観光集落創生政策

### （1）富岡製糸場の世界遺産登録への動きと蚕糸業景観としての山王集落

　山王集落の大規模養蚕農家群は、産業革命に始まる工業化社会の構築を、蚕糸業を柱に先導してきた群馬県の礎のひとつである。すなわち、蚕糸業は農家が桑を育て、蚕種を購入し、養蚕によって繭を生産する。繭は農家から製糸業者に売られ、工場で生糸となり、それらは織物工場で絹織物製品になる。群馬県は原料の繭生産から絹織物製品までの全行程を一貫して行う体制が出来てい

第8章　文化的景観としての養蚕農家保存活用による観光集落創生　　189

た。その行程を近代化するために先導したシンボルが、明治5年開設の官営富岡製糸場である。

　日本の産業革命を促し、世界第二位の経済大国への道を切り開いた富岡製糸場の威容が、今日もなお創建当時のままに存在する。そのため、富岡製糸場は2006年にユネスコの世界遺産に暫定登録された。富岡製糸場を世界遺産の本登録へと導くには、富岡製糸場とその周辺だけの整備では難しい。それに加えて、富岡製糸場を核にした広域における蚕糸関連施設のネットワークが必要となる。すなわち、官営富岡製糸場の技術伝播による民間製糸場の隆盛を忍ぶ景観が求められる。また、桐生の絹織物工場群なども欠かせない。さらに、桑畑と養蚕農家群からなる原料生産景観が不可欠となる。山王集落の大規模養蚕農家群は、その一翼を担うに相応しい歴史と伝統的文化・産業景観を持つ。

写真8-9　様々な形の越屋根景観

　ユネスコの世界遺産登録、日本の文化的景観地区指定においても、それらが人類の生き様を伝え、様々な環境の中で気高く生き抜く力と感動を与えるものでなければならない。それは新しい時代を構築するための糧であり、新しい社会を構築するために不可欠な人材養成・地域づくりでもある。観光集落の創生はそれを実現するためであり、それをより充実させるために隣接地域との連携が必要となる。

表 8-9 山王集落・総社町における整備・改善点(複数回答)

| 回答項目 | 養蚕農家地区 人 | % | 一般農家・住宅 人 | % | 越屋根付養蚕農家 人 | % | 周辺住宅地区 人 | % | 合計 人 | % |
|---|---|---|---|---|---|---|---|---|---|---|
| 1 防風林・養蚕農家の維持整備 | 10 | 24.4 | 6 | 18.2 | 4 | 50.0 | 11 | 18.0 | 21 | 20.6 |
| 2 道路の整備・拡張 | 14 | 34.1 | 12 | 36.4 | 2 | 25.0 | 16 | 26.2 | 30 | 29.4 |
| 3 公共交通の利便性 | 12 | 29.3 | 9 | 27.3 | 3 | 37.5 | 12 | 19.7 | 24 | 23.5 |
| 4 市民サービスセンター | 3 | 7.3 | 3 | 9.1 | 0 | 0.0 | 7 | 11.5 | 10 | 9.8 |
| 5 総社小学校跡に文化施設 | 17 | 41.5 | 15 | 45.5 | 2 | 25.0 | 19 | 31.1 | 36 | 35.3 |
| 6 養蚕資料館の創設 | 2 | 4.9 | 1 | 3.0 | 1 | 12.5 | 3 | 4.9 | 5 | 4.9 |
| 7 公園などの公共空間整備 | 9 | 22.0 | 6 | 18.2 | 3 | 37.5 | 9 | 14.8 | 18 | 17.6 |
| 8 街灯の整備 | 8 | 19.5 | 6 | 18.2 | 2 | 25.0 | 14 | 23.0 | 22 | 21.6 |
| 9 上越線に新駅設置 | 2 | 4.9 | 2 | 6.1 | 0 | 0.0 | 6 | 9.8 | 8 | 7.8 |
| 10 安心安全のまちづくり | 12 | 29.3 | 9 | 27.3 | 3 | 37.5 | 17 | 27.9 | 29 | 28.4 |
| 11 生涯学習施設の充実 | 4 | 9.8 | 3 | 9.1 | 1 | 12.5 | 5 | 8.2 | 9 | 8.8 |
| 12 産業振興 | 2 | 4.9 | 1 | 3.0 | 1 | 12.5 | 4 | 6.6 | 6 | 5.9 |
| 13 地域内交流のイベント開催 | 0 | 0.0 | 0 | 0.0 | 0 | 0.0 | 7 | 11.5 | 7 | 6.9 |
| 14 土地利用・景観規制 | 1 | 2.4 | 1 | 3.0 | 0 | 0.0 | 6 | 9.8 | 7 | 6.9 |
| 15 地域ブランドの創出 | 0 | 0.0 | 0 | 0.0 | 0 | 0.0 | 0 | 0.0 | 0 | 0.0 |
| 16 電線の地中化 | 8 | 19.5 | 7 | 21.2 | 1 | 12.5 | 6 | 9.8 | 14 | 13.7 |
| 17 周辺地域との交流と連携 | 2 | 4.9 | 1 | 3.0 | 1 | 12.5 | 6 | 9.8 | 8 | 7.8 |
| 18 駐車場の整備 | 1 | 2.4 | 1 | 3.0 | 0 | 0.0 | 0 | 0.0 | 1 | 1.0 |
| 19 その他 | 5 | 12.2 | 4 | 12.1 | 1 | 12.5 | 7 | 11.5 | 12 | 11.8 |
| NA・無効 | 3 | 7.3 | 3 | 9.1 | 0 | 0.0 | 2 | 3.3 | 5 | 4.9 |
| 回答総数 | 115 | 280.5 | 90 | 272.7 | 25 | 312.5 | 157 | 257.4 | 272 | 266.7 |
| 回答者数 | 41 | 100.0 | 33 | 100.0 | 8 | 100.0 | 61 | 100.0 | 102 | 100.0 |

(2006年11月～12月 高崎経済大学戸所ゼミ調査より作成)

### (2) 住民の求める山王集落およびその周辺地区の環境整備

　山王集落の大規模養蚕農家群は、今日、世界に冠たる日本の工業化の原点となった蚕糸業の文化的景観である。これをクローズアップさせるために、住民の望む最も多い環境整備は、2005年に拡充移転した総社小学校跡地の文化拠点化で、全回答者の35％を占める(**表 8-9**)。

　総社小学校跡は山王集落の大規模養蚕農家群から約1km東北の総社町中心部に位置し、国史跡の宝塔山古墳・蛇穴山古墳、それに秋元家菩提寺の光巌寺や五千石用水に囲まれた歴史文化地区である。現在、この小学校跡地と隣接地

の閉鎖された総社幼稚園跡が未利用地となっている。他方で、その隣接地には前橋市の総社歴史資料館が、民間から旧酒造蔵を借用して地域住民の手で運営され、隣接地には老朽化した前橋市総社公民館もある。

そこで著者は、この跡地を利活用するべく、総社町関係の文化財を収集・保管・展示と共に、地理・歴史・文化財研究や都市観光の拠点、総合的な地域文化交流センターとしての「総社地理歴史博物館」を提唱してきた[2)](第7章参照)。特に養蚕農家地区の人々に、総合的な地域文化交流センターの必要性を感じている住民の多いことが知られる。

環境整備に関する他の要望は、「道路の整備・拡張」29％、「安心安全のまちづくり」28％、「公共交通の利便性」24％、「街灯の整備」22％、「防風林・家屋の維持整備」21％、「公園など公共空間整備」18％、「電線の地中化」14％となる。全体として道路や公園などハードな環境整備に重点が置かれている。しかし、ハード事業も公共交通の利便性の向上や安心安全のまちづくりなどソフトの視点から発せられていると考えられる。

地域的に養蚕農家地区の人々は「防風林・養蚕農家の維持整備」、「公園など公共空間整備」、「電線の地中化」、「公共交通の利便性」など景観や交流関係の要望が多い。他方で、周辺住宅地区住民は「地域内交流のイベント開催」など日常生活関連事項に関心を示し、養蚕農家地区住民より要望事項に分散性がある。旧集落と新興集落におけるコミュニティ形成の違いや文化的景観の維持保全に関する意識差が関係していると考えられる。

### (3) 文化的景観を活かした観光集落創生方策

山王集落の大規模養蚕農家群は、見応えのあるすばらしいものである。しかし、そのすばらしさを五官で感じるには、現場に立つ以外ない。多くの人々がそれを経験するには、そのための条件整備が必要となる。それは都市形成の本質に繋がるものでもある。その必要条件には以下のものがある。

すなわち、①当該地域への接近性(アクセス条件)を良くする。②大規模養蚕農家群およびその関連施設や諸環境との結節性を高める。また、③大規模養蚕農家群の核心地区と周辺地区のメリハリをつけ、分かりやすく地域を構造化しなければならない。さらに、④基本的な文化的景観を維持しつつ、常に時代の

変化に対応して様々な側面において地域の新陳代謝を図る必要がある。また、山王集落における様々な人・物・情報の交流の結果として、創造性豊かな魅力あるコミュニティの創成が求められる。そのためには、地域の持続的発展を保障すべく、新たなビジター産業の創造が必要となる。

こうした視点で山王集落の現状や住民意識を考えると、いくつかの課題が見いだせる。接近性は、公共交通と個人交通の両面から考えねばならない。文化的景観を核とした観光集落の創生には、徒歩交通が欠かせない。歩かねば文化的景観は認知できない。そのため、基本的に公共交通による当該地域へのアクセス条件を高める必要がある。特に都市部では駐車スペースに多額の費用を必要とするため、公共交通の整備が重要となる。また、山王集落は、後述するように、歩いて文化財や名所旧跡巡りができる地域である。その時、起終点が異なるため、公共交通の利用が便利となる。山王集落にとって、JR群馬総社・新前橋駅間への「前橋西駅」の新設は、広域から人々を吸引するためにも必要である。

結節性に関しては、現状では山王集落に結節性を高める施設も機能もない。可能ならば大型養蚕農家を一般開放し、養蚕資料館を併設することが望ましい。そこで多くの人々が交流することにより、山王集落の人々にもビジターにも知的刺激がもたらされ、新たな創造へと結びつく環境整備となる。しかし、アンケート結果では「養蚕資料館の創設」の要望は少ない。生活空間の一般公開には躊躇する人が多い。そのため、交流空間の確保には、山王集落の北約300mの群馬県蚕業試験場との連携や、小学校跡地における総合的な地域文化交流センターの創設が一層重要性を増すことになる。

大規模養蚕農家群の核心地区と周辺地区の構造化は、大規模養蚕農家群を国の文化景観地区や伝統的建造物群保存地区に指定することで進展するであろう。その際の留意点は、指定地区、バッファーゾーン（緩衝地帯）、周辺地域へと構造化させると共に、関連文化財を一体的に整備することである。

次の問題は時代の変化に対応して、新陳代謝を如何に図るかである。大規模養蚕農家群の文化的景観を維持保全しつつ持続的発展を図るには、国の地域指定を受け、それに対応した地域経済システムの構築が不可欠となる。それには土地利用・景観規制、人材養成に資する生涯学習施設や新たな産業振興、地域

ブランドの創出が必要である。しかし、アンケート結果を見る限り、以上の事柄への関心は低い。以上の事柄への関心を高め、地域資源を活かした地域ブランドを確立し、地域の魅力を高めることで後継者やビジターを吸引し続けない限り、地域の持続的発展も観光集落の創生も望めない。

**写真 8-10　山王集落中央部の山王廃寺復元図**
（前橋市 案内板）

　山王集落の文化的景観を活かすには、大規模養蚕農家群や山王廃寺跡（写真8-10）を核にした総社地理歴史文化景観回廊の設置が考えられる。山王集落の南西1kmには上野国国分寺跡があり、発掘や復元が進んでいる。また、山王集落の南約1.5kmには上野国の国府想定地と総社神社が鎮座する。さらに、山王集落から北西には約1.5kmの範囲に連続して五千石用水・天狗岩用水、光巌寺、総社古墳群、総社城址、総社歴史資料館など多くの文化財や施設がある（図8-1）。これらと山王集落の大規模養蚕農家群を一体化することで、歩いて一日が楽しめる多彩な歴史文化景観の回遊ルートが構築できる。近距離にこれだけ多彩な文化財や文化景観があるところは全国的にも珍しい。山王集落は文化的景観の回遊ルートを整備しつつ、ビジター産業の振興も図れる観光集落になる要素を持つ。

## 6. ビジター産業開発による観光集落の創生

　山王集落には日本経済を支えた蚕糸業の産業遺産でもある防風林を持つ大型養蚕農家群がある。この文化景観の維持保全に関する住民意識は極めて高い。また、身近な文化的景観を皆で守ろうとするコミュニティの結束がある。他方で、防風林を持つ大型養蚕農家群の維持保存には、多大な労力と経済的な負担が伴う。そのため、大型養蚕農家群を持続的に維持保存する保証はない。

山王集落の文化的景観に誇りを持つ住民はいる。山王集落への外からの見学者も多くなりつつある。しかし、日常的に暮らす地域の価値を十分に認識できる住民はまだ少ない。他方で、文化的景観の重要性を理解する住民も、様々な悩みを抱えている。すなわち、文化的景観を保存したいが日常生活への影響に抵抗感がある。また、国の指定に対する不安も大きい。しかし、越屋根付き大規模養蚕農家には後継者の居ないところもある。また、集落に隣接して大規模パチンコ店が建設され、集落内にもモダンなデザインの建物に建て替える家が増えるなど、変化の波が押し寄せている。そのため、山王集落のすばらしい文化的景観の維持保全には、早急に有効な政策を打つ必要がある。

　この貴重な地域資源を活用しながら保存するには、次の施策が必要となる。すなわち、①国の文化的景観地区などの指定を受ける。②近隣の国分寺跡、総社神社、総社古墳群、総社城跡、歴史資料館、県立蚕業試験場などによる地理歴史文化景観回廊を設定し、その回遊ルートを整備する。③他地域から訪れる交流人口に良い環境のもとでサービスしつつ地域に富をもたらす新しいビジター産業を開発する。このビジター産業が地域経済を支え、従来の文化的景観にとけ込む新たな文化的景観を形成することで、経済的に観光集落を創生する基盤ができ、持続的発展も図れるであろう。

　山王集落の大規模養蚕農家群は居住者にとっては日常であるが、外部の人間にはきわめて質の高い非日常空間である。これを活かすには、以上のような施策によって山王集落の大規模養蚕農家群の価値を十分に認識する第三者と地域住民との交流を活発化させ、経済的価値を付加するべく観光集落創生を図ることが重要となる。

　山王集落には地域の過去・現在・未来を語れ、地域を良くしようと自己実現を図れる町衆が存在する。それらの人たちと行政・研究者等が連携し、地域住民の地域資源への理解を深めるための活動が求められる。同時に外部社会への広報で、外から山王集落の大規模養蚕農家群をはじめとする文化景観・文化財の素晴らしさを認識させる必要がある。それにより、山王集落は新たな地域文化を創造し続ける文化的景観地域に変身するであろう。

　居住者にとっては何の変哲もない地域にも、他の地域の多くの人にとって魅力的なものがたくさんある。そうした地域資源を発掘し、我が町を再認識する

ことで地域の人々が誇りと自信を持って生活することはすばらしい。そうした特異なすばらしい環境・文化的景観を維持保全する手立てとして、それぞれの地域が観光集落創生を図ることは、分権化する知識情報化社会の地域政策にとって重要なことである。

<注>
1) 読売新聞前橋支局編:『絹の再発見』煥乎堂、302 p.、1964 年
2) 戸所　隆:「大都市化・分都市化時代における『総合計画』策定のあり方 ―前橋市総社地区を例に―」地域政策研究 8-2、pp. 187-197、2005 年

# あとがき

　著者は1996年春まで30年間にわたり京都の立命館大学地理学教室で研究・教育生活を送ってきた。1996年に郷里の高崎経済大学に日本最初の地域政策学部が立ち上がるに際して、地理学を政策に活かす形で教育研究活動に当たって欲しいと依頼され、30年ぶりに郷里に戻った。そこで、研究のスタイルを立命館大学で行ってきた地理学の基礎研究中心に応用研究もする形から、基礎研究を踏まえつつ応用・開発研究中心へとシフトすることにした。また、それに基づいた教育を行うことで、地理学を活かした地域政策研究・教育に貢献するべく努力してきている。

　この結果、立命館時代に比べ、国・地方自治体における政策立案や地域再生事業への関わりなど、実社会での研究教育活動が格段に増えた。また、上越市役所では非常勤特別職の上越市創造行政研究所長として研究面から現実の地方行政の一端を担うことで、実践的な研究・教育のみならず地域社会への関わり方も研究しつつある。同時にこうした経験や研究をいかに地域政策教育に役立てるかは、高崎経済大学地域政策学部に赴任以来の課題であり、今日まで試行錯誤を繰り返してきた。

　本書の作成に用いた研究内容は、そうした私の研究・教育・地域貢献活動の成果をゼミ教育に活かすべく活動してきた記録の一部である。すなわち、本書は観光を中心にした地域再生を目的に、ゼミ生と共に大学周辺地域の問題点を発見し、その解決のために現地調査・アンケート等などの様々な調査研究活動を行い、実社会に政策提言してきたものを中心にまとめている。

　著者をはじめ多くの学生が、長い期間にわたり現地調査を行う中で、調査地域の関係者からは多大なご支援を頂いた。地域住民をはじめ関係自治体の担当者、商工会議所など各種団体やシンクタンクの方達、またボランティア活動でご支援頂いた人々、多くの方々にご協力頂いた。その数があまりに多いため、ここではお一人お一人のお名前を記すことができないことをお許し頂きたい。ご協力頂いた方々にここで改めて御礼申し上げる。なお、研究成果を地域社会

に還元することが私たちのできる御礼と思い、学生共々、今日まで努力してきており、今後もその気持ちで教育研究活動を続けたいと念じている。

　最後に、本書の研究は著者一人で行えるものでなかった。著者が指導したとはいえ、高崎経済大学地域政策学部戸所ゼミ（都市地理学・都市政策学研究室）の学生・大学院生の活動によるアンケート調査等の賜である。以下、本書に関係する調査研究に参加した学生・大学院生の氏名を記して感謝の意を表したい。

　2009年初秋

戸所　隆

〈2003年度卒〉　王　崢・小野寛恵・金子憲介・小嶋竜矢・鈴木　誠・辻 賢和・永倉裕子・湯村茂和・横畑択磨・吉田周平

〈2004年度卒〉　天沼克之・梅木由維・大沼真樹・工藤　彩・中島健太郎・丸山昌希・吉田恵理菜・若林　彰・割田明子

〈2005年度卒〉　大山　敦・楠本　圭・小林興子・佐久間良一・佐原正基・清水一樹・田畑光輝・宮一洋子・吉田新太郎・吉田玲佳・渡部麻衣子

〈2006年度卒〉　五十嵐絵美・伊藤駿介・伊藤　剛・金山祐樹・金賀洋介・工藤　岬・関口大輔・園部　真・竹田枝里子・橋本　恵・深澤梨絵・藤田知宏

〈2007年度卒〉　秋山卓也・長谷川知哉・猪俣順子・遠藤公師朗・加野智音・小林政善・佐々木絵里・澤里神奈・市東奈緒・信澤祐介・堀越隆彦・間宮直樹

〈2008年度卒〉　秋葉林一・朝夷修平・新井惠利・阿波連朋子・片倉理恵・木村槇吾・小林由季・佐藤澄直・島津啓吾・田村惠梨紗・星野祐一

〈2009年度4年生〉　池田知代・今井大揮・大村　翔・工藤紫織・斎藤美由貴・齋藤美佳・斉藤慶太・田中美帆・都丸勝己・長手一平・渡邊俊哉・須藤　菜美

〈2009年度3年生〉　浅野周平・天内悠子・小野智喜・佐藤知香・鈴木将也・角田悠輔・福田圭佑・古郡　享・堀口貴広・由井邦子・李　彦喜・髙橋良輔

〈大学院修了者〉　新保正夫・田中清明・女屋勝啓・新井規之・後藤哲範・岡田修一・王　崢・稲垣昌茂・鈴木　誠・埴原朋哉・田中慎一・三橋浩志・横畑択磨・五十嵐　靖・石田哲保・鈴木　智・王　薇

## 索　引

### ア　行

アウトレット・モール ........................................... 47

慰安旅行型団体客 ........................................... 17, 18
域内市場産業 ....................................... 160
石段街 .................. 24, 34, 38, 42, 47, 56, 69, 72, 94
板塀 ............................................... 118, 130, 152
板塀化 ............................................... 130, 152
引湯権 ....................................... 24, 52, 57

ウインドー・ショッピング ............................. 158

駅勢圏 ........................................... 170
延喜式内社 ................................... 51, 107, 110

オープンガーデン ............................................. 187
黄金の湯 ....................................... 96, 102
奥座敷 ................................................. 60
温泉情緒 ................................................. 97
温泉都市計画 ........................................... 18

### カ　行

外国人観光客 ............................................. 60
開放・水平ネットワーク型 ................................. 9
神楽坂 ....................... 121, 130, 136, 142, 143, 149
樫ぐね ................................................... 177, 181
活性化委員会 ........................... 112, 118, 133
カラー・イメージ .......................................... 41
カラー・コーディネート ............................... 96
観光立国 ............................................. 26, 63, 78
官民協働 ............................................. 103

規格大量生産 ........................................... 16
危機管理 ................................................. 150
城崎温泉 ................................................. 72
共同運行 ................................................. 99
近代化遺産 ............................................. 168

口コミ ................................................... 139
国史跡 ................................................... 190

国指定史跡 ........................................... 108
国登録有形文化財 ................................. 152
暮らしぶり ............................................. 9
車社会 ................................................... 60
黒川温泉 ................................................. 68
群馬交響楽団 ................................... 136

景観計画 ................................................. 50
景観形成 .............. 68, 71, 129, 133, 137, 152, 167
景観形成制度 ....................................... 68
景観の統一 ........................................... 152
結節性 ................................................... 192
限界集落 ............................................. 110

公共交通 ....... 34, 36, 60, 82, 88, 116, 147, 159, 171, 191, 192
小型送迎バス ....................................... 101
≪五感≫的魅力 ................................. 9
顧客圏 ................................................... 86
顧客ニーズ ........................................... 65
顧客満足度 ........................................... 77
越屋根 ................................... 174, 177, 183
越屋根付き大規模養蚕農家 ............. 182, 184, 186
小間口制度 ....................................... 24, 51
御用邸 ............................................. 19, 77
コンパクトなまち ............................... 170
コンパクトなまちづくり ................... 8, 31, 81

### サ　行

サイン計画 ............. 36, 61, 101, 118, 119, 125, 126, 128, 147
砂防堰堤 ............................................. 152
蚕糸業 ....................................... 174, 188

市街電車 ............................................. 77
自家用車普及率 ................................. 82
地場資本 ................................... 24, 25, 51, 52, 176
地場食材 ............................................. 66
渋川市 ................................................. 50
資本の論理 ..................................... 31, 78
社会実験 ................................... 85, 87, 91, 93, 98

| 社家町 | 106 |
| シャトルバス | 83, 87, 101, 102 |
| 集客圏 | 125 |
| 修景 | 116, 129 |
| 収容人員 | 54 |
| 重要文化財 | 107, 125 |
| 宿坊 | 112, 118, 121, 130, 131, 152 |
| 宿坊料理 | 120 |
| 消費者の論理 | 27, 78, 132 |
| 心象風景 | 94 |
| 神代神楽 | 121 |
| 新陳代謝 | 183, 192 |
| 人的支援体制 | 148 |
| 神仏混淆 | 108 |
| セールスポイント | 57, 65 |
| 政策立案 | 12, 13, 103 |
| 政策立案能力 | 12 |
| 政策立案・問題解決能力 | 13 |
| 生産者 | 132 |
| 生産者の論理 | 31, 78, 132 |
| 接近性 | 191, 192 |
| 戦略的シナリオ | 115 |
| 創作こけし | 165 |
| 総社古墳群 | 163 |
| 創造的地域多様性社会 | 7 |
| 外湯巡り | 45, 64 |

## タ 行

| 滞在時間 | 124 |
| 大都市化分都市化型都市構造 | 156, 171 |
| 滞留時間 | 149 |
| タウンバス | 83 |
| 竹久夢二 | 20, 35, 76, 77 |
| 武田信玄 | 107 |
| 建物の街化 | 26, 29, 44, 45, 56, 72 |
| 地域主権 | 157 |
| 地域政策学 | 173 |
| 地域政策形成過程 | 14 |
| 地域の持続的発展 | 193 |
| 地域の論理 | 78 |
| 地域発展パラダイム | 115 |
| 地域ブランド | 8, 10, 192 |
| 地域ブランド化 | 8 |
| 地区計画 | 167 |
| 地産地消 | 66 |

| 知識開発型観光行動 | 39 |
| 地方分権化 | 12, 169 |
| 駐車場 | 60, 61, 70, 82, 89, 98, 101, 116, 127, 146, 150 |
| 駐車場の整備 | 70 |
| 中心街再生 | 31, 32 |
| 地理歴史回廊 | 169 |
| テーマ型観光 | 109 |
| 伝統的温泉観光 | 29 |
| 伝統的温泉観光地 | 29, 78 |
| 伝統的建造物群保存地区 | 186, 178 |
| トイレ | 78, 128, 146, 153 |
| 統一看板 | 130, 152 |
| 東京一極集中 | 12, 158 |
| 東京型都市開発手法 | 82 |
| 東国文化の中心地 | 163, 166 |
| 湯治 | 17 |
| 湯治客 | 29 |
| 登録有形文化財 | 107, 118, 125 |
| 徳富蘆花 | 19, 35, 76, 77 |
| 都市内分権 | 157, 158 |
| 都市の本質 | 10 |
| 土地利用規制 | 74, 82, 118, 167, 168, 133 |
| 土地利用制度 | 50 |
| 富岡製糸場 | 165, 174, 188 |

## ナ 行

| 日本型リゾート | 16 |

## ハ 行

| 廃仏毀釈 | 108 |
| 白銀の湯 | 102 |
| バリアフリー化 | 59, 63 |
| 榛名湖 | 35, 99, 112, 132, 147 |
| 榛名講 | 108, 118, 120, 125, 135 |
| ビジター産業 | 193 |
| 非日常空間 | 30, 31, 43, 46, 47, 62, 72 |
| 非日常性 | 24, 58, 64, 109, 145 |
| ビューポイント | 129 |
| ヒューマンスケール | 159, 166 |
| 風水 | 125 |
| 風評被害 | 77 |
| ブランド化 | 142 |
| 文化景観 | 135, 175 |

文化資源 ............................................................ 7
文化的景観地区 ................................... 178, 186
分都市 .......................................................... 156

平成の大合併 ............................................ 157

防風林 ............................... 174, 177, 180, 181, 193
訪問面接調査 ............................................... 67
補助金 .......................................................... 147
ホスピタリティ .................................. 39, 78, 132

## マ　行

町衆 .................................. 10, 25, 81, 113, 159, 194
まちづくり（コンパクトな） ........................... 8, 31

水沢うどん ........................................... 33, 35, 75
みなかみ町 .................................................... 11
土産物店 .................................................. 47, 72

門前そば ...... 120, 124, 136, 141, 142, 147, 148, 149
門前町 .......................................................... 106
問題解決能力 ............................................... 13
問題発見能力 ........................................ 12, 13

## ヤ　行

ユネスコの世界遺産 .................................. 173, 189
湯元 ......................................................... 38, 69

## ラ　行

ランドマーク ................................................. 82

リゾート地 .................................................... 47
リピーター .................................... 85, 125, 139

歴史の重層化 ............................................. 160

露天風呂 ........................... 35, 37, 56, 58, 64

## ワ　行

和風統一看板 ............................................. 117

著者紹介：
TODOKORO　Takashi
戸　所　　　隆

《略　　歴》
　1948年　　群馬県生まれ
　1974年　　立命館大学大学院地理学専攻修士課程修了
　1974年　　立命館大学文学部地理学科助手
　1978年　　　　同　　　　　助教授
　1989年　　　　同　　　　　教授
　1996年　　高崎経済大学地域政策学部教授　現在に至る
　　　　　　文学博士

《専門分野》
　都市地理学、都市政策学、国土構造論

《主要著書》
　単　著　『都市空間の立体化』　　　　古今書院　　1986年
　　　　　（第10回日本都市学会賞受賞）
　単　著　『商業近代化と都市』　　　　古今書院　　1991年
　分　担　『ジオ・パル21』　　　　　　海青社　　　2000年
　単　著　『地域政策学入門』　　　　　古今書院　　2000年
　単　著　『地域主権の市町村合併』　　古今書院　　2004年
　単　著　『日常空間を活かした観光まちづくり』
　　　　　　　　　　　　　　　　　　　古今書院　　2010年

Revitalizing Communities through Tourism

かんこうしゅうらくのさいせいとそうせい
観光集落の再生と創生
温泉・文化景観再考

発　行　日　――――　2010年4月5日　初版第1刷
定　　　価　――――　カバーに表示してあります
著　　　者　――――　戸　所　　　隆　ⓒ
発　行　者　――――　宮　内　　　久

海青社
Kaiseisha Press

〒520-0112　大津市日吉台2丁目16-4
Tel. (077)577-2677　Fax. (077)577-2688
http://www.kaiseisha-press.ne.jp
郵便振替　01090-1-17991

● Copyright ⓒ 2010 TODOKORO, T.　● ISBN978-4-86099-263-7 C0025
● 乱丁落丁はお取り替えいたします　● Printed in JAPAN

◆ 海青社の本・好評発売中 ◆

## 行商研究　移動就業行動の地理学
中村周作 著

移動就業者には水産物・売薬行商人や市商人、出稼ぎ者、山人、養蜂業者、芸能者、移牧・遊牧民などが含まれる。本書は全国津々浦々で活躍した水産物行商人らの生態を解明し、移動就業行動の地理的特徴を究明する。
〔ISBN978-4-86099-223-1／B 5 判・306 頁・定価 3,570 円〕

## 離島に吹くあたらしい風
平岡昭利 編

離島地域は高齢化率も高く、その比率が50％を超える老人の島も多い。本書はツーリズム、チャレンジ、人口増加、Iターンなど、離島に吹く新しい風にスポットを当て、社会環境の逆風にたちむかう島々の新しい試みを紹介する。
〔ISBN978-4-86099-240-8／A 5 判・111 頁・定価 1,750 円〕

## 地図で読み解く 日本の地域変貌
平岡昭利 編

古い地形図と現在の地形図の「時の断面」を比較することにより、地域がどのように変貌してきたのかを視覚的にとらえる。全国で111カ所を選定し、その地域に深くかかわってきた研究者が解説。「考える地理」の基本的な書物として好適。
〔ISBN978-4-86099-241-5／B 5 判・333 頁・定価 3,200 円〕

## 郊外からみた都市圏空間　郊外化・多核化のゆくえ
石川雄一 著

21世紀初頭における地域の郊外化、超郊外化、多核化、ジェンダー、都市圏規模などの各課題と動向を解説し、今後の展望とビジョンを提示する。都市という領域を広域な領域でとらえること、郊外地域からの視点でとらえることに主眼を置いた。
〔ISBN978-4-86099-247-7／B 5 判・241 頁・定価 3,570 円〕

## 離　島　研　究　（Ⅰ～Ⅲ集）
平岡昭利 編

人口増加を続ける島、人口を維持しながらも活発な生産活動を続ける島、豊かな自然を活かした農業、漁業、観光の島など。多様性をもつ島々の姿を地理学的アプローチにより明らかにする。〔B 5 判、Ⅰ集：218 頁・定価 2,940 円、Ⅱ集：222 頁・定価 2,940 円、Ⅲ集：220 頁・定価 3,675 円〕

## 近代日本の地域形成　歴史地理学からのアプローチ
山根　拓・中西僚太郎 編著

近年、戦後日本の国の在り方を見直す声・動きが活発化している。本書は、多元的なアプローチ（農業・景observe・温泉・銀行・電力・石油・通勤・運河・商業・植民地など）から近代日本における地域の成立過程を解明し、新たな視座を提供する。
〔ISBN978-4-86099-233-0／B 5 判・260 頁・定価 5,460 円〕

## 近世庶民の日常食　百姓は米を食べられなかったか
有薗正一郎 著

近世に生きた我々の先祖たちは、住む土地で穫れる食材群をうまく組み合わせて食べる「地産地消」の賢い暮らしをしていた。近世の史資料からごく普通の人々の日常食を考証し、各地域の持つ固有の性格を明らかにする。
〔ISBN978-4-86099-231-6／A 5 判・219 頁・定価 1,890 円〕

## 日本工業地域論　グローバル化と空洞化の時代
北川博史 著

本書は製造業企業の立地による地域の変容や地域間の関係の再編をテーマとしている。電気機械製造業を対象として、企業内分業構造やその再編成をふまえ、グローバル化と空洞化の時代における工業地域の実態と地域変容を実証的に解明した。
〔ISBN978-4-86099-219-4／B 5 判・230頁・定価 4,620 円〕

## 日本のため池　防災と環境保全
内田和子 著

阪神大震災は、ため池の農業水利施設としての研究から防災面よりみた研究へのターニングポイントでもあった。近年の社会変化は、ため池の環境保全・親水機能に基づく研究の必要性を生んだ。本書はこれらの課題に応える新たなため池研究書。
〔ISBN978-4-86099-209-5／B 5 判・270 頁・定価 4,900 円〕

## 台風23号災害と水害環境
植村善博 著

本書は2004年10月20日、近畿・四国地方を襲った台風23号の災害調査報告。京都府丹後地方における被害状況を記載し、その発生要因と今後の対策について考察。さらに、今後の減災への行動に役立つよう、住民、行政への具体的な提言を示した。
〔ISBN978-4-86099-221-7／B 5 判・103 頁・定価 1,980 円〕

## ジオ・パル 21　地理学便利帳
浮田・池田・戸所・野間・藤井 編

地理学の世界をパノラマにしたユニークな書。地理学徒や教員はもちろん、他分野の研究者や一般社会人をも対象にして、「地理学」の性格や特色を端的・客観的に伝える「地理学便利帖」。コンピュータ、インターネット関連項目を中心に増補。
〔ISBN978-4-906165-86-5／B 5 判・207 頁・定価 2,625 円〕

＊表示価格は5％の消費税込